예수님의 부활,
믿을 수 있나요?

예수님의 부활, 믿을 수 있나요?

초판 1쇄 발행 2025년 3월 5일

지은이 레베카 맥클러플린

옮긴이 김혜경

발행인 이성만

발행처 (주)칼라커뮤니케이션

등록번호 제2007-000306호

주소 서울특별시 강남구 강남대로 320, 1108호(역삼동)

이메일 colorcomuni@gmail.com

편집 최성욱 이의현

마케팅 이재혁 김명진

편집디자인 최건호

ISBN 979-11-990799-2-2 (03230)

값 8,000원

굿트리는 (주)칼라커뮤니케이션의 임프린트 브랜드입니다.

예수의 부활에 대해 모두가 던져야 할
네 가지 질문

예수님의
부활,
믿을 수 있나요?

레베카 맥클러플린

김혜경 옮김

굿트리

추천의 글

"정말 짧은 책이지만, '예수 부활'이라는 최고의 이야기가 역사적으로 진실일 뿐만 아니라 오늘날 사람들에게도 큰 기쁜 소식임을 보여준다. 더 바랄 게 있을까?"

_피터 윌리엄스(Peter Williams), 틴데일 하우스(Tyndale House) 관장, 『복음서를 신뢰할 수 있는가?(Can We Trust the Gospels?)』 저자

"기독교는 부활의 진리에 의해 성립되거나 무너진다. 이 책은 내가 본 부활에 관한 주장 중 가장 간결하고 강렬하다. 신앙을 새롭게 하거나 처음으로 증거를 탐구하고 싶다면, 부활절 달걀을 찾을 만큼 단시간에 맥클러플린이 그 길을 안내해 줄 것이다."

_몰리 워든(Molly Worthen), 노스캐롤라이나 대학교 채플힐(The University of North Carolina at Chapel Hill) 역사학 부교수

"이 얇은 책은 우리가 예수님의 부활과 그리스도인의 부활을 믿어야 할 이유를 간단하면서도 깊이 있게 설명한다."

_**이안 허친슨**(Ian Hutchinson), 매사추세츠 공과대학교(MIT) 원자력 과학 및 공학 교수, 『과학자가 기적을 믿을 수 있을까? 신과 과학에 관한 질문에 MIT 교수가 답하다(Can a Scientist Believe in Miracles? An MIT Professor Answers Questions on God and Science)』 저자

"레베카 맥클러플린은 예수 이야기가 믿을 수 있을 뿐만 아니라 아름답다는 것을 드러낸다. 특히 희망을 찾는 이들에게 부활절은 달걀 찾기 게임과 초콜릿 토끼가 가득한 휴일 이상의 의미가 있기 때문이다. 만약 이 나사렛 예수가 정말로 죄 없는 삶을 살고, 대속의 죽음을 맞은 후, 다시 살아나셨다면, 모든 것이 달라진다. 왜냐하면 온 우주의 창조주 하나님이 우리를 완벽히 아시고 우리를 완전히 사랑하신다는 것을 뜻하기 때문이다. 하나님은 우리에게 단지 휴일을 주시는 게 아니라, 영원히 자신을 주시는 분이다."

_**줄리어스 J. 김**(Julius J. Kim) **박사**, 복음연합(The Gospel Coalition) 대표

목차

Is Easter Unbelievable?

일러두기

1. 본문의 성경 구절은 특별한 표기를 하지 않은 경우 <개역개정> 한글 성경을 그대로 사용하였습니다.
2. '정리와 나눔을 위한 질문'은 영어 원서에는 없고, 한국 독자들의 이해와 소그룹 모임에서의 나눔을 위해 추가한 것입니다.
3. 저자의 표현과 내용의 흐름을 살리기 위해 괄호와 쉼표를 거의 그대로 살려 사용하였습니다.

들어가는 말

"엄마, 인어들은 무엇을 먹어요?" 세 살 된 아들, 루크가 질문했다. "인어는 실제로 없단다." 나는 설명했다. 그러자 아이가 다시 물었다. "그럼 코끼리는 진짜 있어요?"

그 후, 아들은 뱀, 소, 돼지, 원숭이 등에 대해 궁금해했다. 그중 일부는 실물로 직접 본 적이 있는데도 말이다! 세 살짜리 아이라면 그 모든 게 혼란스러울 수 있다. 실제 존재하는 것과 상상 속 존재에 관한 이야기를 읽어주곤 하는데, 그러면 아이가 그 차이를 어떻게 알까? 한 가지 해결책은, 아이에게 사실적인 내용만 읽어주는 것이다. 하지만 최고의 이야기들은 대개 마법, 인어, 용, 믿기 어려울 정도로 행복한 결말 등, 그다지 현실적이지 않은 것들을 다룬다. 아마도 그래서였을까. 어느 날 나는 한가롭게 인스타그램을 들여다보다가 이 인용문을 보고, 코브라의 공격을 받은 양 깜짝 놀랐다.

> 아이들은 이야기를 읽으면서, '행복한 결말은 없다'는, 인간의 삶에 어둠을 드리우는 가장 어려운 진리를 부드럽게 받아들인다.[1]

작가 마가렛 렌클(Margaret Renkl)이 뉴욕타임스에 쓴 에세이에 나오는 문장이었다. 내가 제일 먼저 본능적이고 직감적으로 외친 말은 이것이다. "그건 사실이 아니야!"

예상할 수 있는 인간의 반응이긴 하다. 사람들은 종교적이든 아니든, 행복한 결말을 믿게 마련이다. (무신론자인 내 친구가 한때 말한 것처럼) 우리는 "우주가 우리를 향한 계획이 있기를", 그리고 그 계획이 우리의 유해를 비료로 사용하는 것 이상의 목적이 있기를 바란다. 하지만 그것이 모두 허황한 생각일까?

한번은 차에 아이들을 태우고 가면서 피터 팬 이야기를 듣고 있었다. 잘 알려진 대로, 죽어가던 요정 팅커벨이 '아이들이 요정의 존재를 믿으면 다시 나을 것 같다'고 피터 팬에게 말한다. 피터 팬이 이 세상 모든 어린이에게 호소한다. "만약 여러분이 요정을 믿는다면... 손뼉을 치세요. 팅커벨이 죽지 않도록!"² 아무리 나이 많은 어른이라도 이 호소를 들으면 손뼉을 치고 싶을 것이다. 요정을 위해서가 아니라, 재미없고 영원하지 않은 것에서 우리를 건져낼 마법적인 무언가를 위해서.

그렇다면, '행복한 결말'은 그저 속임수에 불과할까? 진실을 아는 나이가 되기 전까지 아이에게 들려줄 부드러운 거짓말일까? 아니면, 동화가 말하듯이 우리가 "영원히 행복하게" 살 수 있는 길이 정말 있을까?

짧은 이 책에서, 나는 그 질문의 답이 "그렇다"가 될 수 있는 희망 가득한 주장을 하려 한다. 거의 이천 년 전, 믿을 수 없이 참혹하게 죽은 한 사람이 믿을 수 없이 놀라운 생명으로 돌아왔는데, 그를 믿으면 우리도 그런 삶을 살게 된다는 너무나 충격적인 주장을 살펴보려 한다.

나사렛 예수로 알려진 1세기 유대인 스승의 부활을 기독교인들이 매 주일, 특히 부활절에 기념한다. 예수님의 부활 이야기를 자세히 모른다면 염려하지 않아도 된다. 이 책 1장에서 예수님의 삶, 죽음, 명백한 부활에 대해 간단히 설명할 것이다. 그러나 이 책은 단순히 이야기를 다시 들려주는 게 아니라, 그 이야기가 정말로 사실인지를 살펴보려 한다. 이를 위해, 부활절에 관한 어려운 질문들을 던질 것이다. "부활절 토끼가 존재하는가?" 또는 "초콜릿 달걀을 합법적으로 몇 개나 먹을 수 있는가?"와 같은 질문이 아니라, 부활 사건을 둘러싼 부수적인 것들은 잘라내고, 1세기의 본질로 다가가는 의문들을 살핀다.

먼저, 기독교인들은 예수님이 역사 속에서 실제로 살다가 돌아가셨다고 주장한다. 그래서 1장에서는 "예수님의 삶은 역사적인가?"를 물을 것이다. 둘째로, 기독교인들은 예수님의 죽음이 단순히 로마의 잔혹성을 보여주는 예가 아니며, 그분이 죄인들을 대신해 죽을 계획을 세우셨고 하나님을 거역한 우리가 받아야 할 벌을 대신 받기 위해 돌아가셨다고 믿는다. 이는 여러분과 내가 죄인인지, 하나님이 우리를 심판하시는 것이 옳은지, 그리고 한 사람이 다른 사람을 대신해서 벌을 받는 것이 일종의 정의인지에 대한 도덕적인 질문을 제기한다. 그래서 2장에서는 "예수님의 죽음은 도덕적으로 옳은가?"라는 질문을 던질 것이다. 십자가의 논리와 기독교의 소망은 예수님이 육체적으로 죽었다가 다시 살아나셨다는 주장에 엮여있기 때문에, 3장에서는 부활절과 가장 관련된 "예수님의 부활은 신뢰할 수 있는가?"라는 질문을 던질 것이다. 마지막으로, 4장에서는 예수님이 제시하신, 그분과 함께하는 영생이 정말로 매력적인지를 질문할 것이다.

오늘 여러분이 예수님에 대해 어떻게 느끼고 있는지 나는 알지 못한다. 기독교가 여러분에게 너무 오래되어 맞지 않는 옷 같은지, 죽어도 입지 않을 옷 같은지, 여러분의 문화와 맞지 않는 옷 같은지, 아니면 한때 입었는데 다시 입고 싶은 옷처럼 느끼는지 나는 알지 못한다. 여러분이 기독교인들에게 상처받았거나, 기독교인들이 다른 사람에게 상처 주는 것을 보았는지 나는 알지 못한다. 여러분이 지금 인생 최고의 삶을 살고 있는지, 아니면 절망의 도랑을 힘겹게 헤매고 있는지 나는 알지 못한다. 우리 중 누구도 신앙에 관한 질문에 감정 없이 접근할 수 없다. 좋거나, 싫거나, 아니면 무관심하거나. 그러나 솔직히 말하자면, 우리는 모두 무덤 너머의 희망을 갈망한다. 우리 자신과 사랑하는 사람들을 위한 일종의 '행복한 결말'을 열망한다.

영원한 삶에 대한 소망이 순진하다고 생각하든, 아니면 자신의 삶에 대한 하나님의 계획이 있을지 궁금해하든, 이 책은 여러분을 위한 책이다. 나는 요정을 믿는다는 표시로 머리를 묻고 손뼉을 치라고 요구하지 않을 것이다. 대신, 껄끄러운 질문을 던지고, 인간의 삶에 어둡게 드리우는 가장 어려운 진리와 대면하게 하고, 부활의 주장을 새롭게 바라보게 하려 한다. 그것이 단지 희망 사항에 불과한지, 아니면 모든 난관에도 불구하고 우리가 가장 바라는 꿈이 이루어질 가능성이 있는지를 궁금해하기를 바란다.

자, 예수님이 정말로 다시 살아나셨다면, "인어들은 무엇을 먹는가?"와 같은 마법적 호기심 정도에 그칠 문제가 아니다. 만약 예수님이 다시 살아나셨다면, 모든 시간과 공간의 창조자가 여러분을 향한 사랑 때문에 우주로 걸어 들어오셨음을 의미한다. 이 말은, 그분이 목숨을 버릴 만큼 여러분이 가치 있고, 그분의 생명에 여러분이 들어오길 원하신다는 것을 의미한다. 여러분이 바라는 것 이상으로, 그분이 당신을 주시하고 알고 사랑하고 계심을 뜻하며, 역사상 가장 위대한 제안을 던지셨고, 당신이 그 제안을 받아들이길 기다리고 계신다는 걸 의미한다. 하지만 예수님의 믿기 어려운 제안을 살펴보기 전에, 우리는 "예수님의 삶이 정말로 역사적인가?"라는 질문을 던져야 한다.

제1장

예수님의 삶은
역사적인가?

Is Easter Unbelievable?

"내 이름은 티베리우스 클라우디우스 드루수스 네로 게르마니쿠스다. 독자들이 부디 내 긴 이름에 처음부터 질리지 않기를 바란다……"

내가 가장 좋아하는 역사 소설은 이 구절로 시작한다. 로버트 그레이브스(Robert Graves)가 쓴 『나는 황제 클라우디우스다 I, Claudius』는 비교적 덜 알려진 로마 황제의 허구적 자서전이다. 실존 인물, 클라우디우스는 기원전 10년에 태어나 서기 54년에 사망했다. 그는 장애가 있어서 생애 대부분 동안 정치적으로 소외되었다. 하지만, 조카인 황제 칼리굴라가 암살되자, 클라우디우스는 가문에 유일하게 남은 성인 남성이었다. 그래서 나이 50세에, 놀랍게도 세상에서 가장 강력한 인물이 되었다. 그러나, 역사를 무척 좋아하거나 1970년대에 그레이브스의 책을 바탕으로 한 TV 시리즈를 본 사람이 아니라면, 이 황제에 관해 들어본 적이 없을 것이다.

클라우디우스가 어렸던 시기, 로마 제국의 한 외딴 지역의 저소득층 십 대 소녀가 아들을 낳고 그 이름을 '예수'라고 지었다. 클라우디우스가 황제가 되기 전, 어른이 된 예수라는 남자는 로마의 십자가에 달려 죽고 말았다. 나사렛 예수는 황제 가문에서 태어난 게 아니라, 무명의 인물로 태어났다. 클라우디우스의 수명 절반 정도만 살았고, 수치스럽고 고통스러운 죽음을 맞았다. (뛰어난 역사학자였던) 클라우디우스와 달리, 예수는 책을 쓰지도 않았고, 군대를 일으키지도 않았으며, 왕국을 통치하지도 않았다. 그러나 그는 어떤 척도로도 역사상 가장 영향력 있는 인물이 되었다.

이 장에서는, 예수님의 생애에 관한 기본 사실의 역사적 증거를 살펴보고, 신약성경의 네 전기, 즉 마태복음, 마가복음, 누가복음, 요한복음으로 알려진 복음서가 이 1세기 유대인 스승에 대해 신뢰할 만한 증언을 제공하는지, 아니면 『나는 황제 클라우디우스다』처럼 사실과 허구를 엮어낸 것인지 살펴볼 것이다. 하지만 먼저, 이 복음서들이 말하는 예수님 생애의 윤곽을 간략히 살펴보자.

어떤 이야기인가?

옛날 옛적에(정확히 말하면 기원전 4년경에), 예수님이 유대 남부의 작은 마을, 베들레헴에서 태어나셨다. 유대인들은 로마 제국 치하에서 인종적, 종교적 집단으로 살아가고 있었다. 예수님의 어머니, 마리아는 북쪽의 불안정한 지역에 있는 나사렛이라는 작은 마을에 살고 있었다. 마리아는 당시 그 지역 유대인 여성들 사이에 가장 흔한 이름이었고, 너무 가난한 나머지 갓 낳은 아기 예수를 짐승의 먹이통에 눕힐 정도였다. 하지만 이런 불리한 조건에도 불구하고, 마리아는 자신이 하나님의 성령으로 임신했다고 주장했다.

이 주장은 대단히 충격적이었다.

이방 지배자들과 달리, 유대인들은 한 창조주 하나님을 믿었다. 이 하나님은, 때때로 인간 여성들을 임신시키고 반신반인(半神半人)을 낳는 그리스, 로마 신들과는 전혀 달랐다. 그러나 마리아는, 한 천사가 나타나 자신이 하나님의 아들을 낳게 될 것을 말해 주었다고 주장했다. 나아가, 그 천사는 예수님이 하나님의 세상을 뒤흔드는, 오랫동안 약속되었던 왕, (히브리어로) 메시아 또는 (그리스어로) 그리스도라고 말했다. 큰 기대를 하게 만드는 이야기였다!

처음에는 예수님이 그 위대한 유대인의 메시아인 것 같았다. 자라서, 믿을 수 없을 만큼 뛰어난 교사이자 기적을 행하는 자가 되었다. 사람들은 예수님이 말씀만으로 폭풍을 멈추고, 병든 자를 치유하며, 죽은 자도 일으킬 수 있다고 말했다. 그분은 자신이 정말 하나님의 아들이며, 사람들이 오랫동안 기다려온 그리스도라고 주장했다. 그러나 왕위를 주장하는 자치고는 의외로, 자신이 온 것은 "섬김을 받으려 함이 아니라 도리어 섬기려 하고 자기 목숨을 많은 사람의 대속물로 주려 함"이라고 말씀하셨다(마가복음 10:45). 사실, 예수님은 사역(공적인 가르침)이 진행됨에 따라, 로마인들을 물리칠 것을 예언하시는 게 아니라, 그들의 손에 자신이 죽게 될 것을 계속 예언하셨다. 그분은 이 계획을 말씀하셨다. 그가 죽을 것이고, 그를 믿는 사람은 누구나 살 수 있다고 말씀하셨다. 하지만 그의 제자들조차 이 말을 이해하지 못했다.

이후 어느 운명적인 금요일, 불과 짧은 몇 년간의 공적 가르침 후, 예수님은 로마의 십자가에 못 박히셨다. 그분이 하나님의 위대한 왕이시라는 모든 희망이 사라졌다. 제자들은 절망에 빠졌다. 어머니 마리아와 많은 친구와 추종자들이 예수님의 죽음을 지켜보았다. 그러나 일요일 아침, 막달라라는 다른 작은 마을 출신의 마리아(막달라 마리아)가 다른 여성 제자들과 함께 예수님의 무덤을 찾았다. 슬픔에 잠긴 이 여성들은 예수님의 시신에 적절한 매장 의식을 치르고 싶어 했다. 그러나 그들이 무덤에 도착했을 때, 무덤은 비어 있었다. 두 천사가 나타나, 예수님이 다시 살아나셨다고 설명했다. 막달라 마리아는 부활하신 예수님을 직접 만나기까지 했고, 그녀와 여성 동료들은 제자들에게 달려가 자신들이 보고 들은 것을 전했다.

처음에 남성 제자들은 이 여성들의 이야기를 믿지 않았다. 그러나 그 후, 예수님이 그들에게 직접 자신을 드러내셨다. 예수님은 자신의 계획이 이루어졌다고 말씀하셨다. 로마인들을 물리치는 대신, 죄와 죽음을 이기셨으며, 그를 믿는 자는 누구든지 하나님께 죄를 용서받고 영원한 생명에 들어갈 수 있다고 말씀하셨다. "이같이 그리스도가 고난을 받고 제삼일에 죽은 자 가운데서 살아날 것과 또 그의 이름으로 죄 사함을 받게 하는 회개가 예루살렘에서 시작하여 모든 족속에게 전파될 것이 기록되었"다고 설명하셨다(누가복음 24:46-47).

부활 이야기의 핵심은 이것이다. 온 우주의 하나님이 여러분과 나를 위해, 가난 가운데 태어나서 돌아가셨고 다시 살아나셔서, 우리가 용서받고 무덤을 넘어 영원히 살게 하셨다! 그러나 그게 사실이라고 생각한다면 너무 순진한 걸까? 결국 어떤 이들은 예수님이 실제로 사셨는지조차 의심한다.

예수님이 정말로 사셨는가?

나사렛 예수가 실제로 이 땅을 걸었는지 역사적인 의구심이 든다면, 여러분만 그런 게 아니다. 2015년 한 조사에 따르면, 영국 성인의 40%는 예수님이 실제로 존재한 역사적 인물이 아니라고 생각하거나 예수님의 실존을 확신하지 못했다.[3] 그러나 예수님의 생애에 대한 증거는 명백하다. 무신론자로 유명한 신약학자, 바트 어만(Bart Ehrman)이 말했듯이, "여러분이 예수를 어떻게 생각하든, 그가 확실히 존재했다는 것은 사실이다." 이런 관점은 소수의 의견이 아니다. 어만이 설명하듯, 이는 "사실상 지구상의 모든 전문가가 가지고 있는"[4] 견해이다.

복음서를 제쳐두더라도, 예수님의 생애에 대한 기본적인 사실은 다른 초기 문서들, 심지어 기독교인들을 좋아하지 않는 사람들이 쓴 문서에 의해서도 증명된다. 성경이 아닌 문서들을 통해, 우리는 예수님이 1세기의 유대인 스승이셨고, 사람들이 그를 그리스도로 믿었으며, (서기 26/27-36/37년에 유대를 통치한) 로마 총독 빌라도의 권위 아래에서 십자가에 못 박히셨고, 이후 추종자들이 그분을 신적인 존재로 경배했다는 것을 알 수 있다.[5]

따라서, 우리는 예수님이 실제로 사셨다는 것을 알 수 있다. 그러나 복음서는 예수님이 돌아가신 후, 수십 년이 지나서야 쓰였다. 예수님의 생애에 관한 그들의 이야기를 과연 진지하게 받아들일 수 있을까?

목격자의 증언

나는 2022년에 이 글을 쓰고 있다. 인권 운동가, 마틴 루터 킹 목사(Rev. Dr. Martin Luther King Jr.)의 암살 사건이 발생한 지 54년이 흘렀다. 내가 만약 이 책 대신, 마틴 루터 킹 목사님의 전기를 쓰고 있다면, 그와 가까웠던 여러 동료와 면담할 수 있다. "마틴 루터 킹 목사님이 돌아가시기 전에 하셨던 말씀을 기억하는 건 물론 불가능하겠지요."라고 그들에게 말한다면, 내가 제정신이 아니라는 듯 쳐다볼 것이다. 그들이 어떻게 그의 연설과, 그들과 나눈 사적인 대화, 그리고 그가 살해당한 끔찍한 날을 기억하지 못하겠는가? 그 순간들은 그들의 삶을 바꿔 놓았고, 그들은 그 후로 줄곧 그 영웅에 대해 이야기해 왔다.

마찬가지로, 신약성경에 나오는 예수님의 네 전기는 모두 목격자들이 살아있을 때 기록되었다. 일반적으로 마가복음이 가장 먼저 쓰였다고 본다. 마가복음의 저자는 예수님의 공식 제자 열두 명 중 한 명인 시몬 베드로와 가까운 동료였다. 전문가들은 마가복음이 예수님이 돌아가신 후 35-45년 사이, 혹은 그보다 더 이른 시기에 쓰였을 가능성이 높으며, 대부분 예수님에 대한 시몬 베드로의 기억을 바탕으로 쓰였다고 믿는다. 고대 역사 면에서, 사후 35-45년은 누군가의 생애를 기록하기에 매우 이른 시기이다. 비교해 보자면, 로마의 역사가, 수에토니우스(Suetonius)와 타키투스(Tacitus)는 클라우디우스 황제에 대해 우리가 아는 대부분의 전기를 사후 60년 이상 지나서야 기록했다.

예수님께는 열두 명의 공식 제자들(사도들)이 있었으며, 이들의 본업은 스승을 따르고 그분의 말씀을 암기하는 것이었다. 또한 예수님을 따라다니며 말씀을 들은, 많은 여성을 포함한 비공식적인 제자들도 있었다. 예수님의 죽음과 부활 이후, 이 목격자들은 예수님이 말씀하시고 행하신 모든 것을 다른 이들에게 전하는 일에 자신의 삶을 바쳤다. 복음서는 이 목격자들이 살아있는 동안에 쓰였고 그들의 증언을 기록하고 있다.

사실 신약학자인 리처드 보쿰(Richard Bauckham)이 보여주듯, 복음서 저자들이 이야기 속에 이름들을 언급한 건, 종종 기억을 간직하고 있는 목격자들을 가리키는 것이다.[6] 이는 여러분이나 내가 몇십 년 전에 들은 무작위적인 것이 기억나는지 물어보는 것과는 다르다. 유명 록 밴드 U2의 일원이 리드 보컬 보노의 초기 노래 가사와 그가 여행 중에 했던 정신 나간 행동들을 기억해 보라고 요구받는 것과 더 흡사하다.

복음서 중 가장 나중에 쓰인 것으로 보이는 요한복음은 예수님이 돌아가신 후 약 60년 뒤에 쓰였다. 이는 클라우디우스의 죽음과 수에토니우스 및 타키투스의 전기 사이의 시간 차이와 비슷하다. 그러나 수에토니우스와 타키투스와 달리, 요한은 자신이 기록한 대상의 삶과 죽음의 직접적인 목격자였고, 심지어 부활 후의 예수님을 보았다고 주장한다. 요한이 칠십 대 후반 또는 팔십 대 초반의 나이에, 십 대 후반 또는 이십 대 초반에 목격했던 일을 기록한 건 믿기 어렵지 않다.

따라서 복음서는 예수님과 시간상으로 가깝고 목격자들에게 접근할 수 있었기에, 신뢰할 수 있는 역사적 기록으로 볼 수 있다. 그러나 저자들이 자신의 정치적 의도에 맞게 예수님에 대한 사실의 골격에 허구를 덧붙이지 않았으며 예수님의 생애에 대한 다른, 더 진실된 기록을 감하지 않았다는 걸 어떻게 알 수 있을까?

복음서는 선전물이 아닐까?

2003년 베스트셀러 도서 『다빈치 코드The Da Vinci Code』에서 소설가 댄 브라운(Dan Brown)은 예수님의 실제 삶을 담은 기록이 교회 당국에 의해 정치적 목적으로 억압되었다는 생각을 대중화했다. 그 책은 흥미진진한 허구이지만 역사적 사실과는 상당히 거리가 멀어서, 우리 대학원에서 가장 세속적인 역사학자 친구들조차 이에 짜증을 냈다! 『나는 황제 클라우디우스다』를 쓴 로버트 그레이브스와 달리, 댄 브라운은 역사의 테두리 내에서 허구를 그려낸 게 아니라, 오히려 역사적 사실에서 멀리 벗어난다. 특히 신약성경의 네 복음서가 예수님에 관한 최상의 역사적 자료가 아니라는 주장을 펼친다. 그러나, 예수님에 대해 회의적인 입장을 가진 학자이자 베스트셀러 저자인 바트 어만이 설명하듯, 마태복음, 마가복음, 누가복음, 요한복음은 "예수의 삶에 대해 우리가 알 수 있는 가장 오래된 최고의 자료"이며, 이는 "독실한 복음주의 기독교인부터 철저한 무신론자들까지 모든 진지한 고대 역사가들의 견해"
이다.[7]

　게다가 복음서가 초기 교회의 선전물이라는 생각은 그 본
문 자체와 잘 맞지 않는다. 예수님의 사도들은 1세기 교회의
주요 지도자들이 되었지만, 복음서에 그려진 그들의 모습은
솔직히 당황스럽다. 그들은 예수님이 하신 말씀을 믿지 못한
경우가 많았다. 심지어 예수님은 이들을 "믿음이 작은 자들"
이라 말씀하신다(마태복음 8:26). 베드로는 특히 나쁜 평가를 받는
다. 한 예로, 예수님이 처음으로 자신의 죽음을 예고하시자,
베드로는 이를 말리려고 했다. 이에 예수님은 "사탄아 내 뒤
로 물러가라!"고 반응하신다(마가복음 8:33). 이후 베드로는 자신
이 예수님과 함께 죽을 준비가 되어 있다고 맹세한다. 하지만
예수님은 바로 그날 밤, 그가 세 번이나 자신을 모른다고 부
인할 것을 말씀하셨고, 예수님의 말씀이 맞았다(마가복음 14:26-31,
66-72)! 만약 초기 교회에서 예수님에 관한 이야기를 검열할 수
있는 권력이 있는 자가 있었다면, 그건 바로 베드로였다. 그
러나 (베드로의 증언을 바탕으로 기록된) 마가복음조차 베드로를 매우 부
끄러운 모습으로 묘사한다.

　더구나, 나중에 살펴보겠지만, 모든 복음서에서 여성들이

맡은 역할은 당시의 문화와 반대된다. 특히 네 복음서 모두 예수님의 부활을 목격한 주요 목격자로 여성들을 제시하는데, 당시는 여성의 증언을 신뢰할 수 없는 것으로 간주하는 시대였다. 만약 복음서 저자들이 초기 교회의 정치적 의도를 위해 이야기를 만들어냈다면, 매우 형편없는 작업을 한 셈이다!

따라서, 복음서는 초기에 쓰였고, 목격자들의 증언에 기초하고 있으며, 예수님의 삶에 대해 우리가 가진 최고의 역사적 자료로 전문가들이 인정하고 있고, 당대 가장 영향력 있는 기독교 지도자들의 결점까지도 드러낼 정도로 진실에 입각한 것으로 보인다. 그러나 어만은 복음서를 예수님에 대한 최고의 역사적 자료로 여기면서도, 복음서를 나란히 읽고 그것들 사이에 차이점을 발견한다면 그 복음서를 기독교인들이 상상하는 것만큼 신뢰할 수 있을지 의문을 제기한다. 과연 그 말이 맞을까?

복음서들은 서로 모순되는가?

내가 매주 참여하는 성경공부 모임에서는 '2분 간증' 시리즈를 진행한다. 모임에서 각자가 예수님을 믿게 된 과정을 나눈다. 우리는 타이머를 설정하지 않으며, 사람들은 보통 더 오래 이야기한다. 하지만 그럼에도 불구하고, 이들은 자기 삶에 대해 매우 압축된 내용을 설명한다. 만약 모든 사람이 간증을 다 나누고 녹음한 후, 다시 돌아가며 간증하기를 반복한다면, 추측하건대 각 사람이 자기 이야기를 조금씩 다르게 표현할 것이다.

복음서는 예수님이 몇 년 동안 하신 말씀과 행동을 1시간 반에서 2시간 반 내에 읽을 수 있는 책으로 압축한 전기이다. 요한은 자신의 복음서를 이렇게 마무리한다. "예수께서 행하신 일이 이 외에도 많으니 만일 낱낱이 기록된다면 이 세상이라도 이 기록된 책을 두기에 부족할 줄 아노라"(요한복음 21:25). 따라서 복음서 저자들이 기록할 이야기와 각 이야기에서 강조할 부분을 선택할 때 매우 신중했음을 알 수 있다. 그것이 다른 두 복음서가 때때로 같은 이야기의 다른 면을 포착한 이유중 하나이다.

복음서 저자들은 딱딱한 역사가들이 아니다. 페이지마다 모든 의미를 꾹꾹 담아내는 이야기꾼들이다. 때로 이야기를 연대기적으로 배열하는 대신, 두 이야기를 나란히 배치하여 요점을 강조한다. 때로는 이야기 속에서 한 사람에게 집중

한다. 예를 들어, 마가복음은 예수님이 여리고를 나가시는 길에서 바디매오라는 맹인 거지를 고치셨다고 말하는데(마가복음 10:46-52), 마태복음은 예수님이 거기서 익명의 맹인 두 사람을 고치셨다고 서술한다(마태복음 20:29-34). 처음에는 이 두 이야기가 모순된 것처럼 보일 수 있다. 그러나 복음서 저자들은 종종 이야기에서 한 사람을 강조하기로 선택하는데, 곰곰이 생각해보면 우리도 그렇게 한다. 가령 내가 방금 줄리라는 친구와 대화를 나누었다. 그 일을 나중에 우리 남편, 브라이언에게 말한다. 그레이스도 그 방에 있었지만, 남편은 그레이스를 모르는 데다 대화에서 크게 중요하지 않았기 때문에, 그레이스가 방에 있었다는 말을 생략할 가능성이 크다. 복음서에서 예수님이 고치신 사람들은 거의 항상 익명으로 남는다. 그러나 여기서 마가는 바디매오에게 집중하고 그 이름을 우리에게 말해 준다. 그가 예수님의 목격자였고, 아마도 마가의 글을 읽는 일부 독자들이 아는 사람이었을 수 있다.

복음서 기록을 비교할 때, 복음서가 원래 로마 제국의 국제어인 그리스어로 쓰였다는 점을 염두에 둘 필요가 있다. 그런데 예수님 시대와 장소의 유대인들은 아람어를 모국어로 사용했다. 따라서 복음서 저자들은 적어도 일정 기간 아람어를 그리스어로 번역했을 것이다. 이는 우리 성경공부 모임에서 영어를 제2언어로 사용하는 구성원들이 있는 상황과 비슷하다. 페루 출신의 친구 호르헤는 2분 간증을 나눌 때, 자신에게 일어난 일을 요약할 뿐만 아니라 때때로 스페인어를 영어로 통역했다. 호르헤의 신앙 여정 이야기가 모임의 공용어인 영어로 통역되었다고 해서 갑자기 신뢰할 수 없는 게 아닌 것처럼, 예수님이 아람어로 가르치셨는데 복음서가 그리스어로 쓰였다고 해서 예수님에 관한 복음서의 이야기를 신뢰하기 어렵다고 할 수 없다. 그러나 이는 예수님이 하신 말씀이 때때로 어떤 복음서에는 다른 복음서와 다른 표현으로 기록된 이유 중 하나이다. 또한 예수님이 여기저기 다니시며 다른 장소에서 비슷한 내용을 가르치셨다는 점도 알아야 한다. 그때는 예수님의 메시지를 전파할 '유튜브' 영상이 없었다!

따라서, 복음서를 법정에 각기 소환되어 범행 당일에 무슨 일이 있었는지 진술하는 네 목격자로 상상해서는 안 된다. 장례식에서 각자의 다른 관점에서 그러나 각각을 토대로 하는 네 개의 추도사로 생각해야 한다. 상당히 긴 예수님의 전기가 담긴 마태복음과 누가복음을 기록할 때, 저자들이 마가복음의 모든 내용 혹은 일부분을 접했을 가능성이 매우 높다. 요한도 마가복음을 잘 알았을 것이다. 이 저자들은 자기가 목격한 자료를 추가하여 자신만의 방식으로 이야기를 전했다.

요약하자면, 복음서는 예수님의 실제 말씀과 행동을 접하지 못한 사람들이 사건 발생 한참 후에 기록한 글이 아니다. 예수님과 어디든 함께 다닌 이들이 살아 있는 동안 썼으며, 수십 군데의 마을과 동네에서 수백 명의 병자들을 치유하고 수백 번의 설교를 한 인물에 대해 압축된 전기를 우리에게 제공한다. 어느 합리적인 역사적 기준으로도, 복음서는 매우 신뢰할 수 있는 문서이다. 사실, 다른 고대 인물들의 삶에 대해 믿을 수 있는 안내서로 여기는 많은 문서보다 훨씬 더 나은 자격을 갖추고 있다.

『나는 황제 클라우디우스다』에는 갑자기 등장한 황제의 생애에 대한 역사적 사실과 허구적 추측이 섞여 있다. 그러나 마태복음, 마가복음, 누가복음, 요한복음은 허구를 덧붙여 사실을 각색하지 않았음을 믿게 해줄 좋은 이유가 있다. 오히려, 복음서는 나사렛 예수를 목격한 이들의 증언을 실제로 담고 있다. 저자들이 마음대로 사실을 만들어냈다면, 남성 제자들의 실패를 다루거나 예수님의 십자가 처형, 매장, 부활의 증인으로서 여성 제자들이 중요한 역할을 했다고 기술하지 않았을 것이다. 그렇다면, 모든 역사상 가장 유명한 죽음을 어떻게 생각해야 할까? 다음 장에서 그 질문을 다룬다.

정리와 나눔을 위한 질문

1. 저자가 말하는 '부활 이야기의 핵심'은 무엇인가? 그리고 그것에 대해 어떤 이들이 갖는 의심은 무엇인가?

2. "2015년 한 조사에 따르면, 영국 성인의 40%는 예수님이 실제로 존재한 역사적 인물이 아니라고 생각하거나 예수님의 실존을 확신하지 못했다."라는 예수님의 실존에 대한 역사적인 의구심에 대해 저자는 어떻게 설명하는가?

3. 예수님에 대해 회의적인 입장을 가진 학자이자 베스트셀러 저자인 바트 어만이 네 복음서를 두고서 "예수의 삶에 대해 우리가 알 수 있는 가장 오래된 최고의 자료"이며, 이는 "독실한 복음주의 기독교인부터 철저한 무신론자들까지 모든 진지한 고대 역사가들의 견해"라고 밝혔는데, 이 주장이 갖는 의미는 무엇인가?

4. "어느 합리적인 역사적 기준으로도, 복음서는 매우 신뢰할 수 있는 문서이다."라는 저자의 주장의 근거와 논리는 무엇인가?

* '정리와 나눔을 위한 질문'은 원서에는 없고, 한국 독자들의 이해와 소그룹 모임에서의 나눔을 위해 추가한 것이다.

제2장

예수님의 죽음은
도덕적으로 옳은가?

2021년에 개봉한 제임스 본드(James Bond)의 영화 「007 노 타임 투 다이(No Time to Die)」는 외딴집에 사는 어린 소녀와 어머니의 장면으로 시작한다. 어머니는 흐트러진 모습으로 소파에 쓰러져 있다. 딸 마들렌은 창문에서 섬뜩한 가면을 쓴 남자 얼굴을 본다. 그 남자는 집에 들어와 어머니를 총으로 쏴 죽이고, 얼어붙은 호수 위의 마들렌을 뒤쫓는다. 무서운 장면이다.

제임스 본드 영화는 보통, 본드가 열대 섬에서 아름다운 여자와 술을 마시며 끝난다. 그러나 이 영화에서는 그런 장면이 첫 추격전 바로 뒤에 나오는데, 어른이 된 마들렌과 본드가 해변에 함께 있는 모습이 그려진다. 그런 다음, 영화는 본드가 술을 마시는 장면이 아니라 본드의 동료들이 그를 추모하며 잔을 들고, 새로운 007 요원이 그의 자리를 대신하는 장면으로 끝난다.

이 영화가 개봉했을 때 나랑 가까운 친구 부부가 영화를 본 뒤, 결말을 알려주었다. (독자들에게 결말을 누설해서 양해를 구한다.) 처음부터 나는 본드가 죽는다는 걸 알게 됐다. 하지만 그가 왜 죽는지는 알지 못했다. 그 이유를 알기 위해 영화를 봐야 했다.

예수님에 대해 조금이라도 안다면, 그분이 십자가에 달려 돌아가셨다는 사실을 알 것이다. 그러나 그분이 왜 돌아가셨는지 더 잘 이해하기 위해서는 복음서를 탐구하고, 충분히 예견된 그 죽음을 둘러싼 자초지종을 들어야 한다. 이 장에서는 예수님이 어떻게 자신의 죽음을 예언하고 설명하셨는지 살펴보고, 십자가에서 일어날 일에 대한 그분의 분석이 도덕적으로 타당한지 질문한다. 부활절 전 금요일, 기독교인들은 이상하게도 예수님의 죽음을 기념하고, 종종 그날을 '좋은 금요일'(Good Friday, 성 금요일)이라고 부른다. 이 장에서 우리는 그 십자가가 처음에는 부당해 보이나 궁극적으로 매우 좋은 이유를 알게 될 것이다.

영웅의 죽음

제임스 본드의 죽음은 가히 영웅적이다. 영화에 나오는 극도로 소름 끼치는 악당, 루츠페르 사핀(영화 시작 장면에서 마들렌의 어머니를 살해한 인물)이 대규모 생물 무기를 개발하고 있다. 그러나 그가 그 무기를 세상에 풀기 전에, 본드는 외딴섬에 있는 사핀의 공장을 발견한다. 본드는 사핀이 납치한 마들렌과 다섯 살짜리 딸 마틸드를 구출한 다음, 사핀을 죽인다. 임무를 완수한 본드는 이 공장을 파괴할 미사일을 보내라고 영국 해군에

지시한다. 그러나 마지막 순간, 본드는 자신이 다시 돌아가야 한다는 걸 알게 된다. 미사일이 떨어지면 자신이 죽을 것을 알고서, 마지막 순간을 마들렌과 무전기로 대화하며 보낸다. 본드는 사랑하는 여자와 함께 새로운 삶을 시작하길 바랐다. 그러나 대신, 그는 자신이 마들렌과 딸, 그리고 세상을 구한 것을 알고 죽는다. 그는 죽음을 계획하지 않았다. 하지만 그 죽음은 가치 있었다.

「007 노 타임 투 다이」의 시나리오 작가들처럼, 복음서 저자들도 그들의 영웅을 세상의 구원자로 제시한다. 그러나 마태, 마가, 누가, 요한은 예수님의 죽음을 임무의 비극적인 부산물이 아니라 임무의 주된 목적으로 제시한다.

예수님이 자신의 죽음을 세 번째 예언하신 후, 제자들에게 '뒤집힌 리더십' 원칙을 말씀하신다. "너희 중에 누구든지 크고자 하는 자는 너희를 섬기는 자가 되고 너희 중에 누구든지 으뜸이 되고자 하는 자는 모든 사람의 종이 되어야 하리라." 그리고 자신의 근거를 설명하신다.

> 인자가 온 것은 섬김을 받으려 함이 아니라 도리어 섬기려 하고 자기 목숨을 많은 사람의 대속물로 주려 함이니라
> _마가복음 10:43-45

"인자"는 예수님이 자신을 언급하실 때 가장 즐겨 사용하신 표현이었다. 이는 몇백 년 전에 쓰인 구약의 예언을 떠올리게 하는데, 그 예언은 "인자 같은 이"가 하늘 구름을 타고 오며 하나님께 영원하고 보편적인 왕국을 받는다고 말한다(다니엘서 7:13-14). 그러나 예수님은 자신의 보편적이고 영원한 왕으로서의 위대한 사명이 다른 이들을 지배하는 것이 아니라 그들이 살 수 있도록 자신이 죽는 것이라고 설명하셨다. 정말로 복음서는 예수님을 '다른 사람들'의 죄를 위해 고통스럽게 돌아가시기 위해 오신 완벽한 하나님의 아들로 묘사한다. 너무 놀라운 이야기이다. 그러나 합당한 우려, 세 가지를 제기할 수 있다. 첫째, 어떤 신이 사람들을 죄 때문에 벌하는가? 둘째, 어떤 사람이 죄인인가? 셋째, 죄인들을 대신해 무고한 사람을 잔인하게 죽이는 것이 어떻게 정의로운가? 이 의문들을 차례로 살펴보자.

어떤 신이 죄를 벌하는가?

텍사스주 유밸디에 있는 초등학교에서 열아홉 명의 어린이와 두 명의 교사가 총에 맞아 사망한 지 며칠이 지난 지금,

이 글을 쓰고 있다. 나는 세 아이의 엄마로서, 숨진 아이의 부모들이 느끼고 있을 감정을 상상조차 할 수 없다. 그들의 분노와 무력한 슬픔은 도저히 견딜 수 없을 것이다. 그들이 겪고 있는 일과, 도움을 기다렸지만 끝내 도움이 오지 않은 끔찍한 날에 그 아이들이 겪었을 일을 생각만 해도 눈물이 난다. 우리는 마땅히 그 짧은 목숨을 애도한다. 또한 이들이 그날, 아니 매일, 전 세계에서 살해되거나 학대당한 수많은 이들 중 일부에 불과하다는 사실을 안다. 가슴 아픈 사건 대부분은 주요 뉴스에도 오르지 못한다. 우리는 그런 일을 어떻게 이해할 수 있을까?

끔찍한 행위 일부분은 정신적 질환 때문일 수 있다. 우리는 어떤 사람의 배경이 다른 사람과 관계 맺는 방식이나 심지어 아이들을 살해하기까지 영향을 미치는 경우를 본다. 다양한 이념이 어떻게 잔혹한 행위를 촉진하는지, 예를 들어 나치즘이 어떻게 고등 교육을 받은 현대인들을 대량 학살자들로 변모시켰는지 추적할 수 있다. 그러나 오늘날 세계 각지에서 저지른 범죄들을 조사한다면, 악의 거침없는 민낯을 보게 될 것이다. '죄'라는 단어를 사용하지 않더라도, 우리 모두는 잘못을 범하는 인간의 능력을 이야기할 방법을 찾아야 한다. 우리는 그 피폐한 현장을 가까이에서 보거나, 주요 뉴스에서만 볼 수도 있다. 하지만 시간과 장소를 막론하고 모든 인간 문화가 공통되게 가지고 있는 한 가지는 무고한 피를 흘린다는 점이다. 유밸디 총격 사건과 같이 악이 모습을 드러낼 때, 우리는 "어떤 신이 사람들을 죄로 인해 벌하는가?"라는 질문을 멈추고, 대신 "정의의 신은 어디에 있으며, 왜 개입하지 않는가?"라고 묻는다. 복음서가 이 질문에 대해 주는 답은 두 가지이다. '하나님은 이미 개입하셨다', 그리고 '앞으로도 개입하실 것이다.'

개입하시는 하나님

복음서는 나사렛 예수로 알려진 1세기 유대인이 인간의 모습으로 온 우주의 창조주 하나님이시라고 주장한다. 천사가 마리아에게 처음 나타났을 때 그녀가 하나님의 아들을 낳을 거라고 말해주었고(누가복음 1:26-28), 예수님도 자신이 유일하고 참되신 하나님과 하나라고 말씀하셨다(요한복음 10:30). 복음서는 우리가 예수님을 보면 하나님을 볼 수 있다고 말한다(요한복음 14:8-9). 이 때문에, 복음서 저자들은 예수님이 온 세상의 정당한 심판자이심을 주장한다.

　예수님은 우리를 만드신 하나님이시기에 우리의 마음과 생명이 그분께 속해 있다. 그분이 중력의 법칙을 쓰신 것처럼, 옳고 그름의 법칙도 쓰셨다. 그러나 예수님의 기준은 선과 악을 구분하는 선에서 우리를 선의 편에 두시는 게 아니라, 거기서 제외하시는 것처럼 보인다.

　"옛 사람에게 말한 바 살인하지 말라 누구든지 살인하면 심판을 받게 되리라 하였다는 것을 너희가 들었으나 나는 너희에게 이르노니 형제에게 노하는 자마다 심판을 받게 되고 형제를 대하여 라가라 하는 자는 공회에 잡혀가게 되고 미련한 놈이라 하는 자는 지옥 불에 들어가게 되리라"고 예수님이 설명하신다(마태복음 5:21-22). 나는 유밸디의 총격범과 완전히 다르다고 생각할지 모른다. 그러나 예수님의 기준에 따르면, 나 역시 살인죄를 저질렀다. 예수님은 계속해서 "또 간음하지 말라 하였다는 것을 너희가 들었으나 나는 너희에게 이르노니 음욕을 품고 여자를 보는 자마다 마음에 이미 간음하였느니라"고 말씀하신다(마태복음 5:27-28). 한 번 더, 나는 배우자를 속이고 바람을 피우는 사람이 아니라고 생각할지 모른다. 그러나 예수님은 내가 그런 사람이라고 말씀하신다.

율법에서 가장 큰 계명이 무엇이냐는 질문에 예수님은 이렇게 답하신다.

> 네 마음을 다하고 목숨을 다하고 뜻을 다하여 주 너의 하나님을 사랑하라 하셨으니 이것이 크고 첫째 되는 계명이요 둘째도 그와 같으니 네 이웃을 네 자신 같이 사랑하라
>
> _마태복음 22:37-39

솔직히 말해, 나는 이 두 가지를 모두 어겼다. 단순히 하나님이 주신 도덕 규범의 사소한 세부 사항을 어긴 게 아니다. 모든 계명 중 가장 중요한 계명, 즉 내 모든 것을 다해 하나님을 사랑하고 주변 사람들을 나 자신처럼 사랑하라는 계명을 모조리 어겼다.

예수님은 "그러면 내 이웃이 누구니이까?"라는 후속 질문을 받으셨는데, 상황은 더 나빠진다. "아, 당신의 이웃이란, 가족과 친구들, 즉 한 동네 사는 동일한 인구 통계 집단에 속한 사람들이다"라고 말씀하시지 않는다. 대신, 어떤 사람이 '증오'하도록 배우고 자란 인종, 종교적 집단에 속한 낯선 이에게 희생적인 사랑을 보여주는 이야기를 들려주신다(누가복음 10:25-37). 다시 말해, 우리 이웃은 단지 친구들뿐만 아니라 '원수'까

지도 포함한다. 더군다나, 예수님은 한 부자가 자기 집 문 앞에 사는 가난한 사람을 돌보지 않은 죄로, 바로 지옥에 간다는 무서운 이야기를 들려주신다(누가복음 16:19-31). 우리 집 문 앞에, 문자 그대로 굶주린 사람이 없을 수 있다. 그러나 오늘날 세상에서 굶주리는 사람들을 돕기 위해 기부할 수 있는 돈이 있지만, 우린 그 돈을 자신을 위해 쌓아 두고 기껏해야 소득의 아주 작은 부분만을 가난한 이들을 위해 기부한다.

예수님의 관점에서 볼 때, 우리는 도덕적으로 완전히 실패한 자들이다. 우리에겐 더 나아지기 위한 계획이 필요한 게 아니라, '구원자'가 필요하다.

우리는 정말 죄인인가?

"이봐, 난 완벽하진 않지만, 기본적으로 좋은 사람이야. 내가 어떻게 살인자와 다르지 않다고 할 수 있겠어?"라고 생각할 수 있다. 여러분의 본능적인 반응이 이렇다면, 스스로 비밀 실험을 해보라고 권하고 싶다. 내가 가끔 혼자 해보는 실험이다. 현재 시간을 확인해 보라(나의 경우, 지금 오전 10시 47분이다). 지금부터 내일 이 시간까지 내 머리 위에, 모든 사람에게 내 생각을 보여주는 말풍선이 떠 있다고 상상해 보라.

나에게 정말 그런 일이 일어난다면, 모든 계획을 취소하고 방에 틀어박혀 있을 것이다. 내 생각이 모두 나쁜 것은 아니다. 하지만 솔직히 말해, 단 하루라도 누군가가 내 생각을 본다면 도망갈 것이다.

"좋아, 하지만 우리 누구도 살인을 저지르지 않았잖아?"라고 말할지 모른다. 맞다. 하지만 그게 정말 우리가 살인자와 다른 부류이기 때문일까, 아니면 우리가 다른 상황에 있기 때문일까? 영화 「노 타임 투 다이」는 사핀이 마들렌의 어머니를 살해하는 장면으로 시작한다. 그러나 영화가 진행되면서, 그 살인이 복수였음을 알게 된다. 사핀이 어렸을 때 가족이 살해되었는데, 바로 마들렌의 아버지가 저지른 일이었다. 우리는 어느 정도 이해할 수 있다. 아마도 사핀의 끔찍한 배경을 생각해 보면, 그가 한 일을 우리가 했을 수도 있다. 우리는 영화 속 사핀이라는 허구의 인물이나, 텍사스 유밸디에서 너무 끔찍하게 많은 아이를 살해한 실제 18세 소년과 같은 살인자들이 결국 하나님의 심판을 받아야만 하는 건 아니라고 결론 내릴 수 있다. 그러나 예수님의 결론은 정반대이다. 그들은 하나님의 심판을 받아야 하고, 우리도 마찬가지이다. 그러나, 예수님은 우리를 파멸하시는 대신, '우리를 위해' 자신이 파멸되려고 오셨다.

자, 예수님은 우리를 사편과 같은 죄인의 범주에 두시면서도, 동시에 마들렌과 같은 범주에 넣으신다. 사편처럼, 우리는 마땅히 죽어야 한다. 마들렌처럼, 우리는 사랑을 받는다. 예수님은 우리를 너무나 사랑하셔서 우리를 위해 기꺼이 돌아가셨다. 이것이 복음서의 스캔들이다. 예수님은 의인들을 위해서 오신 게 아니라, 그를 믿는 죄인들을 위해 오셨다.

여기서 세 번째 합리적인 의문이 생긴다. 잠시, 이 모든 것이 사실이라고 가정해 보자. 우리가 죄 때문에 하나님의 심판을 마땅히 받아야 한다고 가정해 보자. 예수님이 정말로 우리를 사랑하셔서 우리 대신 형벌을 받으셨다고 가정해 보자. 그렇다면 죄인들을 대신해 무고한 사람이 죽는 것이 어떻게 '정의'로운가?

십자가가 어떻게 정의로운가?

남편 브라이언과 나는 2007년에 결혼하고 함께 살면서 은

행 계좌를 합쳤다. 나한테 매우 좋은 거래였다. 나는 학자금 대출이 있었고, 남편은 십 대 시절 조경 사업을 하며 모은 자산이 있었다. 그래서 은행 계좌를 합쳤을 때, 남편이 내 빚을 감당했고, 나는 남편의 현금을 갖게 됐다. (이렇게 표현하니 내가 나쁜 사람 같지만, 나는 남편의 적은 예금을 노리고 결혼한 게 아니다!) 우리 결혼 서약에는 다음과 같은 맹세가 포함되어 있었다. "내 모든 것을 당신께 드리고, 내가 가진 모든 것을 당신과 나누겠습니다." 이는 매우 무서운 맹세이다. 하지만 두 사람이 결혼할 때 "한 몸"이 된다(창세기 2:24)는 성경적 개념에서 비롯된 서약이다.

성경에 따르면, 예수님을 믿는 자는 결혼을 통해 남편과 아내가 연합하는 것보다 더 깊이 영적으로 예수님과 연합한다. 둘이 하나가 된다. 따라서, 남편의 돈이 내 학자금 대출을 상쇄했듯이, 예수님이 십자가에서 돌아가실 때 그를 믿는 모든 사람의 죄를 짊어지셨다. 나아가, 예수님은 그들에게 자신의 모든 선을 베푸셨다. 예수님은 다른 사람들의 죄를 갚기 위해 무작위로 끌려온 구경꾼이 아니시다. 그분은 마태복음이 말하듯, '우리와 함께 계시는 하나님'이시다(마태복음 1:23). 그분이 우리 죄를 기꺼이 짊어지셨기에, 우리가 자유를 얻어 그분과 영원히 함께 살게 되었다. 왜일까? '사랑' 때문이다.

사랑은 죽는다

신약성경의 복음서를 읽으면, 예수님의 삶에서 드러난 사랑은 믿기 어려울 정도로 놀랍다. 그분은 배고픈 자들에게 음식을 주셨고, 추방된 자들을 환영하셨으며, 나병환자들을 치유하시고, 여성들을 옹호하시고, 인종적, 문화적 장벽을 허무시고, 괴롭히는 자들에게 맞서셨으며, 어린아이들을 품에 안아주셨다. 나아가, 윤리의 역사를 살펴보면, 우리가 인식하든 아니든 오늘날 우리가 가지고 있는 가장 기본적인 도덕적 신념(예를 들어, 인종, 성별, 국적, 사회경제적 지위에 관계 없이 모든 인간이 근본적으로 평등하다는 믿음)이 결국 예수님의 삶과 가르침에서 비롯되었음을 알 수 있다.[8] 그러나 예수님의 죽음에 드러난 사랑은 그분의 삶에 드러난 사랑보다 훨씬 더 놀랍다.

예수님이 잡히시기 전날 밤, 제자들에게 선언하셨다. "내 계명은 곧 내가 너희를 사랑한 것 같이 너희도 서로 사랑하라 하는 이것이니라 사람이 친구를 위하여 자기 목숨을 버리면 이보다 더 큰 사랑이 없나니"(요한복음 15:12-13). 예수님은 이른바 친구들이 그날 밤 모두 자신을 버릴 것을 충분히 아시고 이 말씀을 하셨다. 자신이 십자가로 향하고 있음을 아시고 이 말씀을 하셨다. 십자가는 고상한 로마 사회에서, 말하기조차 꺼릴 만큼 끔찍한 고문 도구였다. 예수님은 항상 계획 가운데 십자가가 있음을 아시고 그 말씀을 하셨다.

우리는 이천 년간 고상하게 표현된 성화를 통해 십자가를 미화해 왔다. 그러나 현실은 상상할 수 없을 정도로 잔인했다. 십자가에 수 시간 동안 매달린 이들은 점차 질식했으며, 맞고 벌거벗은 채 모욕당하는 그들의 몸을 군중들이 쳐다보았다. 로마인들은 그것을 로마 권력에 대항한 노예에게 걸맞은 죽음으로 여겼다. 그러나 십자가 처형의 신체적인 고통은 예수님이 당하신 고난의 일부에 불과했다. 복음서에 따르면, 예수님은 우리 죄에 대한 하나님의 공정한 심판이라는 영적인 고통 또한 겪으셨다. 예수님은 잡히시기 직전에 간구하셨다. "아버지여 만일 아버지의 뜻이거든 이 잔을 내게서 옮기시옵소서 그러나 내 원대로 마시옵고 아버지의 원대로 되기를 원하나이다"(누가복음 22:42). 여기서 말하는 잔은 하나님의 진노의 잔이었다. 죄로 인해 온 인류에 임할 하나님의 심판을 나타내는 강력한 구약의 은유였다.

그러면, 복음서는 예수님을 하늘 아버지의 분노에 마지못해 희생된 제물로 묘사할까? 그렇지 않다. 복음서는 예수님이 직면하기로 선택한 일에 대한 인간적인 깊은 두려움을 보여준다. 하지만 동시에, 그가 얼마나 완전히 통제하고 계신지를 보여준다. 예수님은 계속해서 자신의 죽음의 때를 예견하신다. 나아가, 복음서는 예수님이 지옥의 엄연한 현실과 그가 훗날 심판자로 다시 오실 것에 대해 경고하시는 모습을 보여준다. 우리는 죄에 반드시 처벌이 따른다고 생각하지 않을 수 있다. '인간은 본래 선하다', '나쁜 일은 잘못된 교육이나 어린 시절 트라우마의 결과로 일어난다'는 깊은 문화적 신념이 있다 보니, 하나님이 우리를 심판하시는 게 옳다는 생각은 우리 사고방식에 맞지 않는다. 그러나 예수님은 매우 다른 견해를 가지고 계신다. 그분은 악이 우리 마음에서 나오며(마가복음 7:20-23), 하나님이 죄에 대해 우리를 심판하시는 것이 절대적으로 옳다고 주장하신다.

더 나아가, 예수님은 십자가에 매달리셨을 때, 단지 죄에 대한 '아버지의' 의로운 분노를 받아들이신 게 아니다. '자신의' 분노도 감당하셨다. 영화에서 제임스 본드가 악한 공장을 파괴할 미사일을 요청한 후, 그 폭발을 기다리며 공장 지붕에 서 있었던 것처럼, 예수님은 우리 죄에 대한 심판을 청하신 후 우리 자리에 서서 그 폭발을 감당하셨다. 인간의 모습으로 오신 하나님으로서, 예수님은 우리가 용서받고 하나님께 안길 수 있도록 기꺼이 죽음을 택하셨다. 사랑 때문이었다.

「007 노 타임 투 다이」에서 제임스 본드는 세상의 구원자이자 사랑하는 여인과 아이의 구원자로서 죽는다. 예수님이 세상의 진정한 구원자로서 돌아가셨을 때, 그분은 본드가 마들렌에게 느꼈을 감정보다 더 큰 사랑을 '당신'을 향해 품으셨다. 그분은 온 세상의 정당한 재판관이자 왕이시다. 그러나 그분은 우리를 너무나 사랑하셔서, 우리에게 섬김을 받는 게 아니라 도리어 우리를 섬기러 오셨고, 자신의 생명을 우리를 위해 내어주셨다.

정리와 나눔을 위한 질문

1. 예수님의 죽음과 관련해서 우리가 복음서를 읽어야 하는 이유
   는 무엇인가?

2. "정의의 신은 어디에 있으며, 왜 개입하지 않는가?"라는 물음
   에 대해 저자가 제시하는 두 가지 답은 무엇이고, 그것이 의
   미하는 바는 무엇인가?

3. 저자가 말하는 '복음서의 스캔들'the scandal of the Gospels의 핵심은
   무엇인가?

4. '하나님의 죄에 대한 심판'과 관련하여 '죄에 반드시 처벌이
   따른다'고 여기지 않는 사람들의 생각에 대한 예수님의 견해
   는 무엇인가?

5. 저자는 예수님의 '사랑'을 어떻게 묘사하고 있는가?

제3장

예수님의 부활은
신뢰할 수 있는가?

Is Easter Unbelievable?

2016년 부활절 일주일 전, 나는 친구, 이안 허치슨(Ian Hutchinson) 교수에게 이메일을 보내 요청했다. "예수님이 죽은 자 가운데서 다시 살아나셨다고 믿는 이유에 대해 글을 써줄 수 있나요?" 당시 내가 하는 일은 세계적인 대학의 기독 교수들이 자신의 신앙에 대해 글을 쓰고 말하도록 돕는 것이었다. 허치슨은 매사추세츠 공과대학교(MIT) 원자력 과학 및 공학 교수이다. 그는 플라즈마 물리학과 핵융합에 대해, 여러분과 내가 그동안 먹은 아침 식사 횟수보다 더 많은 수의 논문을 썼다. 그런데 「과학자가 부활을 말할 수 있는가? 세 가지 가설 (Can a scientist believe in the resurrection? Three hypotheses)」이라는 논문을 통해, 물리학보다 더 헌신적으로 자신이 믿는 바를 주장했다. 나사렛 예수께서 십자가에 못 박히시고 사흘 만에 실제로 죽은 자 가운데서 다시 살아나셨다는 믿음이었다.

오늘날 많은 사람에게, 부활은 가당치 않은 소리다. 어리숙한 1세기 조상들과 달리, 현대의 과학적 사고를 하는 우리는 그런 기적을 믿는 게 불가능하다! 그러나 허치슨은 부활의 불가능성을 과학이 증명할 수 없다고 설명한다. 왜냐하면 기적은 과학이 다룰 수 있는 게 아니기 때문이다. "자연 과학은 자연 세계의 정상적이고 재현할 수 있는 작동을 다루는데, 부활과 같은 기적은 본질적으로 비정상적"[9]이라고 그는 설명한다. 게다가, 과학이 하나님을 믿는 신앙을 대체할 만한 가설을 제공한다는 일반적인 가정은 다분히 오해의 소지가 있다. 허치슨이 지적하듯이, 우리가 오늘날 '과학'이라고 부르는 걸 처음 발전시킨 16세기와 17세기 사람들은 우주에 합리적인 창조자가 있다고 믿었기 때문에 신중하게 연구했다. (성경이 말하는 대로) 하나님의 형상대로 창조된 인간이 창조자의 설계도를 파악할 수 있을 거라고 믿었다.[10]

따라서, 예수님이 죽은 자 가운데서 부활하셨는지의 여부를 판단하는 데 과학이 도움을 줄 수 없다면, 어떤 종류의 증거를 고려해야 할까? 허치슨은 이렇게 설명한다. "점점 더 인기를 얻고 있는 의견과 반대로, 과학은 진리에 접근하는 유일한 수단이 아니다. 예수님의 부활의 경우, 역사적 증거를 고려해야 한다."

이 장의 나머지 부분에서 우리는 부활에 대한 네 가지 역사적 증거를 살펴볼 것이다. 내 목표는 예수님이 죽은 자 가운데서 부활하셨다는 것을 합리적인 의심의 여지 없이 증명하는 게 아니다. 우리는 역사적 사건 현장에 너무 늦게 도착했다. 나의 목표는 단순히 부활 주장이 타당함을 보이는 것이다. 처음 살펴볼 증거는 거의 이천 년이 지난 지금도 우리가 이 이야기를 하는 이유다.

증거 A: 급속한 확산

예수님이 돌아가신 후 삼십 년이 조금 지난 서기 64년, 악명 높은 로마 황제 네로(Nero)는 로마 대화재의 책임을 기독교인들에게 돌렸다. 로마의 역사가 타키투스는 이 사건을 이야기하며 예수님에 대한 정보를 다음과 같이 말한다.

> 기독교의 창시자인 그리스도는 티베리우스 통치 시기에 본디오 빌라도 총독의 판결을 받고 사형을 당했다. 이 해로운 미신은 잠시 저지되었으나 한 번 더 확산하였다. 이 병폐가 발생한 유대에서뿐만 아니라, [로마] 자체에서도 터져 나와, 세상의 모든 끔찍하고 수치스러운 것들이 모여 유행하게 되었다.[11]

타키투스의 경멸적인 묘사에서 알 수 있듯이, 기독교는 그 창시자가 십자가 처형을 당했는데도 빠르게 확산하고 있었다. 사실, 예수님의 죽음 이후 기독교는 더욱더 확산했다!

초기 몇 세기 동안 기독교는 사방으로 퍼져나갔다. 이스라엘에서 시작하여 유럽뿐만 아니라 "이집트, 북아프리카, 에티오피아, 터키, 아르메니아, 이라크, 페르시아, 인도까지" 퍼졌다.[12] 서기 300년경은 박해가 심한 시기였는데도, 역사가들은 로마 제국 인구의 10%가 기독교인이었다고 추정하며, 312년에는 로마 황제까지도 개종했다.[13] 그 후로도 기독교의 확산은 계속되었다. 오늘날 전 세계 인구의 거의 3분의 1이 예수님을 따르는 자들로 구분되며, 기독교는 세계에서 가장 인기 있는 신앙 체계가 되었고, 이 비율은 줄어드는 게 아니라 오히려 증가할 것으로 예상된다.[14] 나아가, 기독교는 서구의 단일문화적 신앙이 아니다. 다른 어떤 신앙 체계의 추종자들보다 예수님의 추종자들이 인종적, 문화적으로 훨씬 더 다양하다. 유럽, 북아메리카, 아프리카에는 거의 동일한 수의 기독교인들이 있으며, 중국의 교회가 너무 빠르게 성장하고 있어서 5년 이내에 중국 기독교인 수가 미국 기독교인 수보다 많아질 것이다.

물론, 기독교가 숫자상으로나 지리적으로 놀랍게 확산했다는 사실은 예수님이 실제 부활하셨다는 것을 증명하지 않는다. 그러나 로마 제국 변방에서 식민 지배를 받던 민족으로 태어나, 가난하게 살았고, 젊은 나이에 죽었고, 책을 쓰지도 않았고, 군대를 이끌지도 않았으며, 왕좌에 앉지도 않은 사람이 어떻게 인류 역사상 가장 영향력 있는 인물이 되었는지는 상당한 설명이 필요하다.

성가신 인기 지도자를 십자가에 못 박아 처형하는 것은 로마인들에게 표준적인 절차였고, 복음서는 예수님이 체포되실 때 열두 제자들이 얼마나 겁쟁이였는지를 보여준다. 어떤 이들은 예수님이 십자가에서 처형되면 이 운동이 끝날 거라고 기대했지만, 그렇지 않았다. 대신, 예수님의 오합지졸 같은 작은 추종자 집단이 역사상 가장 성공적인 운동 확산가들로 변모했다.

증거 B: 메시지

일부 회의론자들은 나사렛 예수가 영감을 주는 랍비였으며, 시간이 지나면서 '신화화'되었고, 예수의 부활이 그 과정의 정점에 있다고 본다. 이 요리법은 간단하다. 사람들을 휘어잡는 설교가를 데려와서, 동정녀 탄생을 더하고, 약간의 기적을 더한 후, 부활로 마무리하면, 짠, 하나님의 아들이 된다! 이

가설이 처음엔 꽤 그럴듯하게 들린다. 실제로, 영국의 유명한 회의론자인 리처드 도킨스(Richard Dawkins)는 "기독교 초기 종교에 귀의한 신자들"이 "진실을 확인하지 않고 예수에 관한 이야기와 소문을 열심히 전했다"[15]는 식으로 상상한다. 그러나 도킨스의 가설은 성립되지 않는다.

첫째, 부활이 없었다면 사람들이 귀의할 기독교라는 종교 자체가 없었을 것이다. 기독교의 메시지는 '예수님이 하나님의 아들이시며, 그를 믿는 자의 죄 형벌을 대신 받기 위해 돌아가셨고, 그가 죽은 자 가운데서 다시 살아나셨으며, 그를 믿고 회개하는 모든 자를 그와 함께 영원히 살도록 환영해 주신다'는 것이다. 이 이야기는 중간에 멈출 수 있는 것이 아니다. 부활이 없는 기독교는, 디즈니 영화 「겨울왕국」에서 엘사가 없는 것과 같다. 기독교에서 '부활'은 있으면 좋고 없어도 그만인 게 아니다. 기독교의 핵심이다.

둘째, 부활 주장이 시간이 흐르면서 예수에 관한 이야기가 점점 기이하게 바뀌고 신화화하는 과정의 정점이었다면, 예수님에 관한 후속 기록물에서만 부활 주장이 나타나야 한다. "그분이 나병환자를 만지시기만 해도 나았다던데." "오, 그래? 나는 그분이 멀리서도 말 한마디로 사람들을 고치셨다는 이야기를 들었어." "그게 멋있다고 생각해? 난 그분이 죽은 자 가운데서 다시 살아나셨다는 말을 들었다고!" 그러나 부활은 초기 기독교 문헌, 즉 사도 바울이 1세기 교회들에 보낸 편지에서 중심적인 내용이다. 바울은 그리스의 도시, 고린도에 있는 기독교인들에게 보낸 편지에 이렇게 썼다. "그리스도께서 만일 다시 살아나지 못하셨으면 우리가 전파하는 것도 헛것이요 또 너희 믿음도 헛것이며"(고린도전서 15:14).

셋째, 예수의 부활이 의도적으로 만들어진 것이라면, 그 일이 어떻게 이루어졌는지, 그리고 왜 그렇게 했는지를 설명하기가 어렵다. (예수님을 배신하고 죽은 유다를 제외한) 예수님의 열두 제자 모두가 부활하신 예수님을 보았다고 주장했으며, 그 이야기를 계속 유지하기 위해서는 공동의 모의가 필요했을 것이다. 그러나 그들 중 많은 이들은 '예수님이 부활하신 만왕의 주'이시라고 선포한 죄로 처형되었다. 그들이 예수님의 부활을 의도적으로 날조했을까? 거짓말을 위해 목숨을 바친다는 건 너무 어리석은 일일 것이다!

증거 C: 로마 군인들

예수님을 죽인 로마인들을 예수님의 부활 증거로 들다니 이상하게 보일 수 있다. 그러나 로마인들의 방식에 대한 지식은 사람들이 때때로 제기하는 주장, 즉 예수님이 실제로 십자가에서 돌아가시지 않았고, 따라서 그의 추종자들이 목격한 것은 '부활'이 아니라 '소생'에 불과했다는 주장을 잠재우는 데에 도움이 된다. 참으로 십자가 처형은 의도적으로 천천히 사형시키는 형벌이었다. 로마 총독, 빌라도는 예수님이 십자가에 못 박히신 지 불과 여섯 시간 만에 돌아가셨다는 소식을 듣고 놀랐다. 그러나 로마 군인들은 처형 전문가였다. 예수님의 양옆 십자가에 못 박힌 죄수들을 죽이기 위해, 군인들은 그들의 다리를 부러뜨려 더 이상 숨쉬기 위해 몸을 밀어 올릴 수 없게 했다. 그러나 예수님은 이미 돌아가셨다. 확실히 하기 위해, 그들은 예수님의 옆구리에 창을 찔렀다(요한복음 19:31-34).

이렇게 말할 수 있다. "글쎄, 그런 자세한 내용은 복음서에 나오는 것들이잖아." 그 말은 사실이다. 하지만 우리는 다른 역사적 자료를 통해, 로마인들이 그 일을 결코 대충 하지 않았다는 것을 안다. 로마인들은 목욕하는 방법 외에 사람 죽이는 방법도 잘 알고 있었다. 예수님은 예루살렘에서 상당한 파장을 일으켰다. 그날의 십자가 처형 중 세간에서 가장 주목받는 집행이었다. 그 군인들이 임무에 실패했고 제자들이 목격한 것이 예수님의 '소생'이지 '부활'이 아니었다는 주장은 전혀 신빙성이 없다.

증거 D: 여성들

네 복음서 저자들은 예수님의 부활 이야기를 각기 독특한 방식으로 전한다. 그러나 모두, 예수님의 여성 추종자들이 빈 무덤을 처음 발견하고 예수님이 죽은 자 가운데서 부활하셨다는 소식을 들었다는 점을 명확히 한다. 마태와 요한도 그 여성들이 부활하신 몸의 예수님을 처음으로 만났다고 전한다. 이 점이 우리에게는 그리 놀라운 일이 아닐 수 있다. 그러나 1세기 사람들에게는 매우 놀랄만한 일이었다.

보쿰이 설명하듯, 그리스-로마 세계에서 "교육받은 남성들은 여성들이 종교적인 문제에 있어 잘 속고 특히 미신적인 환상과 과도한 종교 행위에 빠지기 쉽다고 생각했다."[16] 2세기 그리스 철학자 켈수스(Celsus)는 이 편견을 잘 보여준다. 그는 울고 있는 여인(막달라 마리아)이 부활의 첫 목격자였다는 견해를 비웃었다. 켈수스가 말했다. "[예수가] 죽은 후, 다시 살아나 형벌의 흔적들을 보여주고, 그의 손이 어떻게 찔렸는지를 보여주었다. 그런데 이것을 누가 보았는가? 당신 말마따나, 히스테리컬한 여성과 아마도 같은 마술에 속은 다른 여성들이었다."[17] 실제 누가복음에서 예수님의 남성 제자들조차 그 여성들을 믿지 않았다는 것을 알 수 있다(누가복음 24:10-11)! 만약 여러분이 1세기 당시 사람들에게 정말 믿을 수 없는 일이 일어났다고 설득하려 했다면, 그 이야기를 여성들의 증언에 의존할 이유가 전혀 없었을 것이다. 그러나 네 복음서의 모든 저자들은 그렇게 했다.

그럼에도 불구하고, 어만은 여성들이 예수님의 부활을 목격했다는 부분을 들어, 복음서 기록이 정확하지 않다는 증거로 지적한다. 네 복음서 모두, 막달라 마리아가 그 주 첫날(일요일)에 예수님의 무덤을 찾아가 무덤이 비어 있음을 발견한 여성 중 한 명이라 말한다. 하지만 복음서 저자들이 인용한 다른 이름들 사이에는 차이가 있다. "무덤에 간 사람은 누구인가?" 어만이 의문을 제기한다.

마리아 혼자였는가(요한복음 20:1)? 마리아와 다른 마리아였는가(마태복음 28:1)? 막달라 마리아와 야고보의 어머니 마리아와 살로메인가(마가복음 16:1)? 아니면 갈릴리에서부터 예루살렘까지 예수와 함께 온 여성들, 아마도 막달라 마리아와 요안나와 야고보의 모친 마리아, 또 그들과 함께 한 "다른 여자들"인가(누가복음 24:1, 23:55 참조)?[18]

그러나 보쿰이 설명하듯, 복음서 저자들은 완전한 목록을 제시하고 있지 않다. 그들은 집단에서 특정한 목격자들을 골라서 정보원으로 인용하고 있다.[19] 게다가 어만은 '예수님이 죽은 자 가운데서 다시 살아나신 것을 막달라 마리아 혼자 목격했다'고 요한이 주장하는 것처럼 글을 썼다. 하지만 실제로 요한은 막달라 마리아 혼자가 아니었음을 분명히 한다. 막달라 마리아가 예수님의 무덤이 비어 있는 것을 발견하고서, 베드로와 요한에게 보고한다. "사람들이 주님을 무덤에서 가져다가 어디 두었는지 '우리가' 알지 못하겠다(요한복음 20:2, 저자가 강조 표시)."

그럼, 막달라 마리아가 그 일요일 아침에 혼자가 아니었다면, 왜 요한은 그녀의 경험에만 집중했을까? 독자들이 예수님 무덤 곁에서 눈물 흘리고 있는 막달라 마리아의 입장이 되어 보길 바란 건 아닐까? 처음 예수님을 본 막달라 마리아는 예수님을 알아보지 못한다. 예수님이 그녀에게 물으신다. "여자여 어찌하여 울며, 누구를 찾느냐?" 마리아는 그분이 동산지기인 줄 알고 이렇게 답한다. "주여 당신이 옮겼거든 어디 두었는지 내게 이르소서 그리하면 내가 가져가리이다." 예수님이 한 마디로 대답하신다. "마리아야." 드디어 막달라 마리아는 그분이 누구신지 깨닫는다. "랍오니!"('선생님'이라는 뜻)하고 외친다(요한복음 20:15-16). 이 충성스러운 여성 제자는 부활하신 스승을 만났고, 그 스승은 부활 소식을 전하도록 그녀를 남성 제자들에게 보내신다. 마리아는 "내가 주를 보았다"고 선포한다(요한복음 20:18).

요한은 부활하신 예수님과 막달라 마리아가 만난 감동적인 이야기를 통해, 부활이 오늘날 우리에게 그리 유의미하지 않은, 그저 별난 역사적 사건이 아님을 보여준다. 죽음을 이기신 예수님의 의미는 담대하게 개인적으로 와닿는다.

예수 부활의 개인적인 영향은 오늘날에도 수백만 명의 사람들이 느끼고 있으며, 그중에는 기독교 가정에서 자라지 않은, 놀라울 정도로 지적이고 잘 교육받은 사람들도 많다. 허치슨 교수가 그런 사람 중 한 명이다. 그는 이렇게 회상한다. "나는 케임브리지 대학 학부생일 때 예수님을 믿게 됐고, 스무 살 생일에 킹스 칼리지 예배당에서 세례를 받았다. 예수 그리스도의 생애, 죽음, 부활은 당시와 마찬가지로 지금도 내게 강력한 영향을 미치고 있다." 그의 이야기는 독실한 MIT 기독교인 교수들에게서 들은 수십 가지 간증 중 하나일 뿐이다. 어떤 이들은 기독 부모 밑에서 자랐다. 어떤 이들은 예상치 못한 경로를 통해 신앙을 발견했다. 한 예로, 징 콩(Jing Kong) 교수는 중국에서 무신론자로 자랐다가 스탠포드 대학교 대학원생 때 예수님을 따르기 시작했다.

오늘날 많은 이들은 과학이 발달하기 전, 순진한 조상들은 누군가 죽은 자 가운데서 부활했다는 걸 쉽게 믿었을지 모르나, 현대의 교육받은 사람들은 부활을 진지하게 받아들일 수 없다고 생각한다. 그러나 나는 MIT에서 케임브리지에 이르는 여러 대학의, 물리학에서 철학에 이르는 여러 분야의, 영국, 인도, 중국, 이란 등 다양한 곳에서 온, 기독교의 이 중심적, 역사적 주장을 진심으로 믿는 수많은 뛰어난 학자들과 함께 일해왔다. 이들은 합리성을 버리고 비과학적이고 역사적으로 근거 없는 신앙을 붙들고 사는 게 아니다. 사실, 허치슨이 말하듯, "부활에 대한 역사적인 증거는 거의 모든 고대 역사적 사건에 대한 증거만큼이나 확실하다."

그러나 이들 교수 중 부활의 증거 때문에 예수님께 이끌린 이는 많지 않다. 오히려, 부활을 가능하게 만든 예수님의 생명의 제안 때문에 이끌렸다. 바로 그 제안을 이 책의 마지막 장에서 살펴보려 한다.

정리와 나눔을 위한 질문

1. "점점 더 인기를 얻고 있는 의견과 반대로, 과학은 진리에 접근하는 유일한 수단이 아니다. 예수님의 부활의 경우, 역사적 증거를 고려해야 한다." 이것은 매사추세츠 공과대학교 원자력 과학 및 공학 교수인 허치슨의 설명이다. 어떤 의미인가?

2. "기독교 초기 종교에 귀의한 신자들"이 "진실을 확인하지 않고 예수에 관한 이야기와 소문을 열심히 전했다"는 식의 상상은 영국의 유명한 회의론자인 리처드 도킨스의 가설이다. 이 가설이 성립하지 않는 이유에 대해 저자는 무엇이라고 설명하는가?

3. "부활에 대한 역사적인 증거는 거의 모든 고대 역사적 사건에 대한 증거만큼이나 확실하다."라는 허치슨의 이 말은 어떤 의미를 담고 있는가?

제4장

예수님의 제안은
매력적인가?

Is Easter Unbelievable?

『해리 포터와 죽음의 성물』에서, 십 대 마법사 해리는 세 형제가 죽음으로부터 선물 받은 이야기를 듣는다. 첫째는 이 길 수 없는 지팡이를, 둘째는 부활석을, 셋째는 투명망토를 받는다.

처음에 해리는 이 이야기가 순수한 동화라고 생각한다. 그러나 J. K. 롤링(J. K. Rowling)의 책이 전개되면서, 해리는 그 지팡이와 돌과 망토가 실제로 존재한다는 것을 발견한다. 게다가 그것들을 자기 손에 넣게 된다. 그러나 해리는 이것으로 자신의 생명을 연장하려고 하기보다, 죽음을 피하려는 시도가 어리석은 짓임을 깨닫는다. 사실, 이 시리즈에서 죽음을 피하려고 가장 열심히 노력하는 이는, 해리의 부모를 죽였고 해리도 죽이려고 반복적으로 시도하는 악한 마법사 볼드모트다. 볼드모트와 '죽음을 먹는 자' 추종자들이 궁극적으로 보여주듯이, 무슨 수를 써서라도 목숨을 유지하려는 집착은 올바른 삶의 방식이 아니다.

우리 사회는 죽음에 대해 갈등을 겪고 있다. 한편, 우리는 죽음을 멀리하려고 모든 노력을 기울인다. 자신의 죽음뿐만 아니라 죽음의 현실을 마주하는 것까지 피하려 한다. 의사인 내 친구는 종종, 자신이 죽는다는 사실을 죽음이 매우 임박했을 때야 실제로 받아들이는 노인 환자분들을 만난다고 토로한다. 한편으로는, 인생의 짧음과 우연성이 인생을 의미 있게 만든다고 말하는 게 유행하고 있다. 죽음은 인간 이야기의 '결함'이 아니다. 그것은 인간 이야기의 '특성'이다. 이 책의 서두에 실은 뉴욕타임스 에세이에서, 마가렛 렌클(Margaret Renkl)은 이런 믿음을 가진 다른 작가의 글을 인용한다.

> 탈루 스카일러 퀸이 신간 에세이 모음집,『우리가 진실이기를 바라는 것What We Wish Were True』에 이런 글을 썼다. "구체화된 삶에서 보장되는 것은 죽음밖에 없다. 그것을 마주한다는 것은, 아무리 멈칫거리거나 분노하거나 울먹이거나 이 소용돌이치는 감정을 모두 겪는다 해도, 온전히 살아있음을 의미한다."[20]

이 말이 사실이라면, 영원한 삶은 처음엔 매력적으로 들릴지 모르나 궁극적으로는 바람직하지 않다. 여러분과 내가 마법 지팡이를 휘둘러 모든 꿈을 이룬다면, 처음에는 행복으로 가득 차겠지만, 시간이 지나면서 우리의 기쁨은 사라질 것이다. TV쇼 〈굿 플레이스(The Good Place)〉의 등장인물처럼, 결국 아무것도 우리를 영원히 만족시킬 수 없음을 알게 될 것이다.

그렇다면 예수님이 반복적으로 주장하신 대로, 자신을 따르는 자들을 죽음 너머 영원한 삶으로 인도하신다는 건 무엇을 의미하는가? 그분의 제안이 정말로 매력적인가?

만질 수 있는 천국같이

나는 방금 아이들을 학교에서 데리고 왔다. 돌아오는 길에 스트리밍 서비스에서 로린 힐(Lauryn Hill)이 다시 부른 명곡, 〈Can't Take My Eyes Off You(당신에게서 내 눈을 뗄 수 없어요)〉가 흘러나왔다. 원곡은 1967년에 발표됐는데, 이 노래는 유명한 청소년 로맨틱 코미디 영화「내가 널 사랑할 수 없는 10가지 이유(10 Things I Hate about You)」에서 중요한 역할을 했다. 영화에서, 거칠어 보이는 남학생이 학교 경기장 계단을 뛰어 내려오면서 사랑하는 여학생에게 이 노래를 불러 학교 전체를 놀라게 한다. 내게 가장 흥미로운 구절은 세 번째 구절이다. "You'd be like heaven to touch(당신은 만질 수 있는 천국 같아요)." 수 천 년 동안, 연인들은 사랑하는 사람과의 친밀감을 천국과 같은 느낌과 연결해 왔다.

사람들이 모르는데, 성경에 따르면 하나님이 원래 그렇게 의도하셨다. 성경적 의미에서 천국은 주로 어떤 장소가 아니다. 오히려, 천국은 우리의 구원자이자 사랑하는 분이며 주이신 예수님과의 관계를 온전히 경험하는 것이다. 성경은 자기 백성을 향한 예수님의 희생적이고 열정적이며 측량할 수 없는 사랑의 모습을 인간의 결혼으로 보여준다(예: 에베소서 5:25-33).

성경 저자들이 인간 연인들을 보고서, '어? 저 깊은 연결이 사람들을 행복하게 만드는 것 같네? 그럼 우리를 향한 예수님의 사랑이 로맨틱한 사랑과 약간 비슷하다고 해보자'라고 생각해낸 게 아니다. 그렇지 않다. 만약 성경이 말하는 바가 참이라면, 하나님이 우리 인간을 만드실 때 강렬하게 로맨틱한 사랑을 느낄 수 있는 감정적인 능력을 주셨고, 그것을 우리 생명에 내재시켜, 우리가 다른 인간과 경험할 수 있는 가장 신실하고 부드럽고 압도적인 사랑을 통해 우리를 향한 예수님의 사랑을 살짝 엿보게 하셨다.

지난주에 나는, 암으로 죽어가고 있는 친구, 그레이스와 점심을 먹었다. 이 친구는 10년 전에 세상을 떠난 자기 남편을 많이 그리워하고 있다. 그레이스는 딸과 나누었던 대화를 들려주었는데, 딸은 천국이 아빠를 다시 만날 수 있는 곳이라고 말했다. 그레이스는 "우리가 목표를 너무 낮게 잡은 것 같은데?"라고 답했다. 그녀는 남편을 매우 사랑했고, 다시 그와 함께하기를 원한다. 그러나 그레이스는 죽음의 품으로 걸어 들어갈 때, 누구보다 우선, 예수님의 품으로 걸어 들어간다는 걸 안다. 그녀가 이 세상에서 사랑하는 사람과 경험했던 최고의 사랑은 예수님의 사랑이라는 바다에 비하면 물 분자 하나에 불과하다.

처음엔 이상하게 들릴 수 있다. 하지만 이 점을 이해하지 못하면, 예수님의 부활이 의미하는 것, 곧 예수님의 제안이 무엇이고, 우리가 그 제안에 왜 '예'라고 답하길 원하는지 제대로 이해할 수 없다. 예수님은 단지 영생에 이르는 수단, 즉 '영생 자판기'가 아니다. 그분은 진정으로 '만질 수 있는 천국 같은' 분이다.

그러나 예수님과 함께하는 삶은 고통을 미화하는 감성적인 연하장이 아니다. 대신, 예수님의 사랑은 우리의 가장 고통스러운 날들 속으로 들어와, 우리를 그 고통을 지나 영원한 기쁨으로 인도한다.

나는 부활이요 생명이니

성경에서 내가 가장 좋아하는 본문 중 하나에서, 예수님은 친한 두 친구인 베다니의 마리아와 마르다에게서 급히 와달라는 요청을 받으신다. 그들의 오빠 나사로가 죽어가고 있었기에 예수님을 찾았다. 그들의 메시지는 간단했다. "주여 보시옵소서 사랑하시는 자가 병들었나이다"(요한복음 11:3). 처음에 예수님은 가시지 않는다. 일부러 나사로가 죽을 때까지 기다리신다.

마침내 예수님이 도착하시자, 마르다가 나와서 예수님을 맞으며 말씀드린다. "주께서 여기 계셨더라면 내 오라버니가 죽지 아니하였겠나이다 그러나 나는 이제라도 주께서 무엇이든지 하나님께 구하시는 것을 하나님이 주실 줄을 아나이다." 예수님이 대답하신다. "네 오라비가 다시 살아나리라." 마르다는 예수님이 '마지막 심판 날에 하나님의 백성이 부활한다'는 유대인의 믿음을 말씀하신다고 생각하며 이렇게 말한다. "마지막 날 부활 때에는 다시 살아날 줄을 내가 아나이다." 그러나 예수님은 대화를 다시, '지금 여기'로 가져오신다. "나는 부활이요 생명이니 나를 믿는 자는 죽어도 살겠고 무릇 살아서 나를 믿는 자는 영원히 죽지 아니하리니 이것을 네가 믿느냐?"(요한복음 11:21-26).

이 주장은 믿기 어렵다. 예수님은 단지 죽은 사람들을 다시 살릴 수 있다고 선언하신 게 아니다. 자신이 궁극적으로 마르다의 오빠를 살리실 분임을 선포하신다. 예수님은 나사로와의 관계가 살아있음의 의미라고 주장하신다. 우리가 예수님과 연결되어 있으면, 죽음조차 우리를 죽일 수 없다. 우리가 예수님과 함께하지 않으면, 우리 몸은 잠시 살아있을지 모르나, 영적으로는 죽어 있다. 예수님은 인간을 만드신 위대한 창조주 하나님이시며, 우리에게 생명을 주신 분이며, 그분의 죽음과 부활로 무덤 너머 영원한 생명을 우리에게 주실 수 있다.

예수님은 잡히시기 전날 밤에도 다른 말로 이를 주장하셨다. "내 아버지 집에 거할 곳이 많도다 그렇지 않으면 너희에게 일렀으리라 내가 너희를 위하여 거처를 예비하러 가노니 가서 너희를 위하여 거처를 예비하면 내가 다시 와서 너희를 내게로 영접하여 나 있는 곳에 너희도 있게 하리라 내가 어디로 가는지 그 길을 너희가 아느니라"고 제자들에게 말씀하셨다(요한복음 14:2-4). 제자 중 한 명인 도마가 물었다. "주여 주께서 어디로 가시는지 우리가 알지 못하거늘 그 길을 어찌 알겠사옵나이까?" 예수님이 대답하셨다. "내가 곧 길이요 진리요 생명이니 나로 말미암지 않고는 아버지께로 올 자가 없느니라"(요한복음 14:5-6). 예수님은 우리가 천국에서 하나님과 함께할 수 있는 길이 되신다. 그러나 그분은 또한 하나님이시다. 다른 제자 빌립이 요청한다. "주여 아버지를 우리에게 보여 주옵소서 그리하면 족하겠나이다." 그러나 예수님이 물으신다. "빌립아 내가 이렇게 오래 너희와 함께 있으되 네가 나를 알지 못하느냐 나를 본 자는 아버지를 보았거늘 어찌하여 아버지를 보이라 하느냐"(요한복음 14:8-9).

만약 예수님이 단지 좋은 스승이었을 뿐, 결코 자신이 하나님이라 주장하지 않으셨다고 생각한 적이 있다면, 그분이 가르치신 이 말씀이 그 생각을 불식시키길 바란다. 예수님이 육신을 입으신 하나님이 아니셨다면, 그분의 말씀은 좋은 가르침이 아니다. 순전히 자기애에 불과하다. 그러나 예수님은 자신에 대해 이런 놀라운 주장을 하시면서도 십자가를 준비하고 계셨다. 그분은 길이요 진리요 생명이시다. 하지만 그분이 우리에게 생명을 주시는 길은 '자신의 죽음'을 통해서였다.

두 가지 길

예수님의 제안은 심할 정도로 배타적이다. 자신이 '하나님께 가는 여러 길 중 하나'라고 말씀하시지 않는다. 인간이 하나님과 화해할 수 있는 '유일한 길'이라고 말씀하신다. 하지만 예수님의 주장은 또한 완전히 포괄적이다. 왜냐하면 '그를 믿는 자는 누구든지 영생을 얻는다'고 말씀하시기 때문이다. 예수님이 십자가에 달려 계실 때, 옆에서 죽어가던 한 죄수가 마지막으로 절박하게 간청했다. "예수여 당신의 나라에 임하실 때에 나를 기억하소서." 예수님이 대답하셨다. "내가 진실로 네게 이르노니 오늘 네가 나와 함께 낙원에 있으리라"(누가복음 23:42-43). 이 죄수는 자기 삶을 정리할 시간이나 기회가 없었다. 우리는 그가 무엇을 했는지, 어떻게 살았는지 알지 못한다. 그건 중요하지 않았다. 그 순간 중요한 것은, 그가 예수님을 믿었다는 것뿐이다. 그래서 예수님은 "글쎄, 두고 생각해보자. 시간이 나면 너의 점수를 확인해 보겠다"라고 말씀하시지 않고, "네가 나와 함께 갈 것"이라고 말씀하셨다.

만약 천국이 우리가 가게 될 하늘의 어떤 멋진 휴양지 같은 곳이라면, 오직 예수님을 믿는 사람들만 천국에 간다는 주장은 불공평하게 들릴 수 있다. 그러나 예수님은 자기 자신이 목적지라고 말씀하신다. 지금 예수님께 돌아가는 사람들은 영원히 예수님과 함께할 것이다. 지금 예수님을 원하지 않는 사람들은 영원히 그분을 얻지 못할 것이다.

예수님의 사랑과 분리된 상태로 영원히 지내는 것이 얼마나 나쁜가? 그건 우리가 상상할 수 있는 것보다 훨씬 더 나쁘다. 만약 예수님이 주장하신 것들, 즉 그분이 사랑과 생명의 원천이시라면, 예수님이 안 계신 것은 죽음보다 훨씬 더 나쁜 운명이다. 내 친구 그레이스는 죽음 후, 예수님 만나기를 갈망한다. 그러나 우리가 예수님을 주님으로 신뢰하지 않는다면, 온 세상의 심판자이신 예수님을 만나는 건 끔찍할 것이다. 예수님이 경고하셨다. "좁은 문으로 들어가라 멸망으로 인도하는 문은 크고 그 길이 넓어 그리로 들어가는 자가 많고 생명으로 인도하는 문은 좁고 길이 협착하여 찾는 자가 적음이라"(마태복음 7:13-14). 자신이 상당히 괜찮다고 생각하는, 그래서 구주가 필요하지 않은 사람들을 위한 제3의 길은 없다. '예수님과 함께하는 영원한 생명', 혹은 '영혼을 파괴하고 희망이 말살된 영원한 죽음'만 있다.

최후의 적

『해리 포터』마지막 책에서, 해리는 친구 헤르미온느와 함께 처음으로 부모님의 묘지를 방문한다. 릴리와 제임스 포터 부부는 해리가 아기였을 때 볼드모트에게 살해당했다. 포터 부부의 묘비에는 그들의 이름과 생년월일, 그리고 이 성경 구절이 새겨져 있다. "맨 나중에 멸망 받을 원수는 사망이니라"(고린도전서 15:26).

해리는 마치 그것의 의미를 이해할 기회가 단 한 번밖에 없는 것처럼, 그 비문을 천천히 읽었다. 그리고 마지막 부분은 소리 내어 읽었다.

"파괴되어야 할 최후의 적은 죽음이다…" 그의 머릿속에 끔찍한 생각이 떠올랐고, 그와 함께 알 수 없는 공포가 밀려왔다. "저건 죽음을 먹는 자들 생각 아니야? 왜 그게 저기 있지?"

"저건 죽음을 먹는 자들이 의미하는 방식으로 죽음을 격퇴한다는 뜻이 아니야, 해리." 헤르미온느가 부드러운 목소리로 말했다. "그건… 너도 알다시피… 죽음 너머의 생을 말하는 거야. 죽음 이후의 삶."[21]

해리 부모의 묘비에 새겨진 이 성경구절은 이 책 3장에서 인용한 사도 바울의 같은 편지에 나온다. 편지의 이 부분에, 바울은 언젠가 예수님이 죽음을 영원히 멸하실 것을 설명한다. 바울이 든 증거는 '예수님의 부활'이다. 예수님은 죽음을 피하신 게 아니라, 죄로 물든 세상을 위해 하나님의 심판을 받으시고 죽음을 가장 고통스럽고 끔찍한 형태로 견디시고 다시 살아나심으로 죽음을 이기신 능력을 보여주셨다.

'예수 부활'에 담긴 메시지는, 언젠가 우리가 육신 없이 '영혼만' 천상 영역에서 떠돌 수 있도록 예수님이 돌아가셨다는 의미가 아니다. 오히려, 온 우주의 왕께서 우리를 위해 돌아가셨으며, 우리가 그분을 믿으면 훗날 우리 '육신의 생명'을 다시 살리신다는 뜻이다. 지금까지 우리가 이 땅에서 느꼈던 것보다 더 풍성하고 새롭고 아름다운 삶을 살게 하신다. 그런 영원한 생명을 잘 상상할 수 없다는 게 이해된다. 나도 그렇다. 우리의 연약한 상상력은 그것을 상상할 능력이 없다. 바울이 고린도 교회에 보낸 같은 편지에서 이렇게 말한다. "하나님이 자기를 사랑하는 자들을 위하여 예비하신 모든 것은 눈으로 보지 못하고 귀로 듣지 못하고 사람의 마음으로 생각하지도 못하였다"(고린도전서 2:9).

이 책 서두에, "아이들은 이야기를 읽으면서 '행복한 결말은 없다'는, 인간의 삶에 어둠을 드리우는 가장 어려운 진리를 부드럽게 받아들인다"는 마가렛 렌클의 주장을 언급했다. 어떤 의미에서, 이 말은 사실이다. 나는 아이들에게 성경을 읽어줄 때, 우리가 언젠가 죽는다는 사실을 마주하도록 돕는다. 그러나 우리의 죽음이 끝이라고 설명하는 게 아니라, 그것이 새로운 시작임을 이해하도록 돕는다. 우리를 사랑하셔서 돌아가신 하나님의 아들이 부활하셨다는 사실은, 우리가 그분을 믿으면 우리를 그분과 함께하는 영원한 생명으로 인도하실 것을 보여주는 증거가 된다.

만약 여러분이 예수님을 믿고, 자신이 하나님의 심판을 받아야 할 죄인임을 인정하고, 예수님이 여러분을 사랑하셔서 그 심판을 대신 받으셨다는 것을 믿는다면, 예수님이 여러분의 고통과 죽음을 같이 통과하시며, 그분과 함께하는 영원한 생명과 사랑으로 맞아주실 것이다. 이는 단순한 희망 사항이거나, 팅커벨을 위해 박수를 보내달라는 식의 순진한 요구가 아니다. 이는 우리의 유일한 희망이며, 지난 이천 년 동안 가장 지혜로운 자들이 매달려온 소망이다.

렌클의 글 제목은 <슬픔과 상실은 어디에나 있다. 책들이 여러분을 도울 수 있다>이다. 이 말에 나는 크게 "아멘"을 외친다. 그러나 우리에게 가장 큰 도움을 줄 수 있는 책은 예수님의 삶을 담은 '성경'의 복음서다. 이천 년 전에 처음 들려주셨으나 오늘날에도 여전히 중요한 그분의 말씀을 우리에게 전해 주는 '그 책' 말이다. 예수님이 제자 마르다에게, 그리고 여러분에게 말씀하신다. "나는 부활이요 생명이니 나를 믿는 자는 죽어도 살겠고 무릇 살아서 나를 믿는 자는 영원히 죽지 아니하리니, 이것을 네가 믿느냐?"

정리와 나눔을 위한 질문

1. 저자는 '천국'을 무엇이라고 정의하고 있으며, 그 천국의 경험과 관련된 예수님의 사랑이 매력적인 이유는 무엇이라고 설명하는가?

2. 저자는 우리가 예수님과 함께한다는 것의 의미는 무엇이라고 밝히고 있고, 또 그것을 어떻게 설명하는가?

3. 자신을 길이요 진리요 생명이이라고 자신을 소개하신 예수님의 제안이 갖는 배타성과 포괄성은 무엇인가?

4. 인류에게 제시된 두 가지 길은 무엇인가?

주(主)

1. Margaret Renkl, "Sadness and Loss are Everywhere. Books can help," *The New York Times*, April 18, 2022; https://www.nytimes.com/2022/04/18/opinion/books-death-grief-hope.html

2. J. M. Barrie, *Peter Pan* (Canterbury Classics, 2015), p 135.

3. https://talkingjesus.org/research-from-the-course/ (accessed August 19, 2022).

4. Bart D. Ehrman, *Did Jesus Exist? The Historical Argument for Jesus of azareth* (HarperOne, 2012), p 4.

5. 비기독교 자료에서 나온 예수의 삶에 대한 증거에 대해 더 상세하게 알아보려면 Peter Williams, *Can We Trust the Gospels?* (Crossway, 2018), p 17-36을 참조하라.

6. Richard Bauckham, *Jesus and the Eyewitnesses: The Gospels as Eyewitness Testimony* (Eerdmans, 2006), p 39-66을 참조하라.

7. Bart D. Ehrman, *Truth and Fiction in the Da Vinci Code* (Oxford University Press, 2004), p 102 - 한국어판: 『예수는 결혼하지 않았다』 루미

옮김 (안그라픽스, 2005).

8. 이에 대해 더 자세한 내용은 세속 역사가인 Tom Holland's *Dominion: How the Christian Revolution Remade the World* (Basic Books, 2019)를 참조하라.

9. 이에 대한 자세한 내용은 Ian Hutchinson, *Can a Scientist Believe in Miracles? An MIT Professor Answers Questions on God and Science* (InterVarsity Press, 2018)를 보라.

10. 이에 대한 더 자세한 논의를 보고자 한다면, "Hasn't science disproved Christianity?" in Rebecca McLaughlin's *Confronting Christianity: 12 Hard Questions for the World's Largest Religion* (Crossway: 2019), p 109-130을 참조하라. 한국어판:『기독교가 직면한 12가지 질문』 이여진 옮김 (죠이북스, 2021).

11. Tacitus, Annals 15.44, Peter Williams의 탁월한 책인 *Can We Trust the Gospels?* (Crossway, 2018), p 20-21에서 인용함.

12. Richard Bauckham, *Jesus: A Very Short Introduction* (Oxford University Press, 2011), p 1을 참조하라.

13. Bart Ehrman은 *The Triumph of Christianity: How a Forbidden Religion Swept the World* (Simon & Schuster, 2018), p 287-294에 300년 이전 기독교의 성장에 대한 부록을 포함시켰다. 한국어판:『기독교는 어떻게 역사의 승자가 되었나』 허형은 옮김 (갈라파고스, 2019).

14. "The Future of World Religions: Population Growth Projections, 2010-2060," https://www.pewresearch.org/ religion/2015/04/02/religious-projections-2010-2050/을 보라.

15. Richard Dawkins, *Outgrowing God: A Beginner's Guide* (Random House, 2019), p 25 - 한국어판:『신, 만들어진 위험』 김명주 옮김 (김영사, 2021).

16. Richard Bauckham, *Gospel Women: Studies of the Named Women in the Gospels* (Eerdmans, 2002), p 270.

17. Richard Bauckham, *Gospel Women*, p 271, Origen, "Contra Celsus", 2:55 인용을 참조하라.

18. Bart Ehrman, *Jesus Interrupted: Revealing the Hidden Contradictions in the Bible (and Why We Don't Know about Them)* (HarperCollins, 2009), p 47 – 한국어판: 『예수 왜곡의 역사』 강주헌 옮김 (청림출판, 2010).

19. Richard Bauckham, *Jesus and the Eyewitnesses: The Gospels as Eyewitness Testimony* (Eerdmans, 2006)을 참조하라. 한국어판: 『예수와 그 목격자들』 박규태 옮김 (새물결플러스, 2015).

20. Margaret Renkl이 "Sadness and Loss are Everywhere. Books can help," *The New York Times*, April 18, 2022을 인용함; https://www.nytimes. com/2022/04/18/ opinion/books-death-grief-hope.html.

21. J. K. Rowling, *Harry Potter and the Deathly Hallows* (Scholastic Press, 2009), p 328 – 한국어판: 『해리 포터와 죽음의 성물 1~4』 강동혁 옮김 (문학수첩, 2020).